BUCKET LIST FÜR PAARE

zum Ausfüllen

---

100 Dinge, die jedes Paar erlebt haben sollte. Für eine lange, glückliche Beziehung mit viel Abwechslung und Harmonie

---

Frances Baron

Dieses Buch gehört

_______________ & _______________

Inhaltsverzeichnis

Vorwort

Was ist wohl das größte Geschenk, das sich Partner machen können? Richtig! Sie schenken sich gegenseitig ihre Zeit und volle Aufmerksamkeit. Denn unsere Lebenszeit ist sehr begrenzt und daher extrem wertvoll!

Dieses Buch soll euch dabei unterstützen und zeigt verschiedene Möglichkeiten auf, wie ihr eure gemeinsame Zeit intensiv nutzen und eure Beziehung damit auf ein neues Level heben könnt.

Hier geht es nicht nur um gemeinsame Ausflüge und Unternehmungen! Ich habe auch mehrere Übungen eingebracht, womit ihr euch gegenseitig besser verstehen und für den Partner eine unterstützende Kraft werdet. Denn nichts ist schlimmer als eine energielose Beziehung, in der man sich gegenseitig runterzieht, beschuldigt und jammert – das muss früher oder später in einem Desaster enden!
Wie ihr dieses Buch verwenden könnt:

Um den größtmöglichen Nutzen aus diesem Buch ziehen zu können, habe ich euch unter jeder Idee ein paar Zeilen zum Ausfüllen und etwas Platz für eigene Bilder vorbereitet. Damit könnt ihr zum einen die Erlebnisse, Gedanken und Gefühle zu dieser Idee festhalten. Wenn ihr die Worte zusammen erstellt, teilt ihr diese Eindrücke intensiver mit eurem Partner und werdet feststellen, dass jeder von euch bestimmte Situationen anders wahrnimmt und erlebt. Außerdem behält man diese Erfahrungen dann besser in Erinnerung und lernt jeden besonderen Moment noch mehr zu schätzen. Erstellt Fotos während der Umsetzung und klebt eines davon unter jede Idee.

Damit ihr die Vorschläge in diesem Buch systematisch für euch umsetzen könnt und den Überblick behaltet, lest ihr euch erst einmal alle Aktivitäten in Ruhe durch. Legt jeweils zusammen fest, welche Idee für euch eine hohe, mittlere und geringe Priorität hat und tragt die Nummern zu den Ideen in die untere Tabelle ein. Nun könnt ihr die Aktivitäten Stück für Stück von hoher zu niedriger Wichtigkeit umsetzen.

Hohe Priorität	
Nummern	
Vermerk	

Mittlere Priorität	
Nummern	
Vermerk	

Niedrige Priorität	
Nummern	
Vermerk	

Für einige Vorschläge werdet ihr etwas mehr Vorbereitung, Zeit und finanzielle Mittel benötigen. Stellt euch daher die richtigen Fragen - denn diese lassen euch zielgerichtet denken und wachsen!

× **Nicht:** Ich kann mir das nicht leisten.

✓ **Sondern:** WIE kann ich mir das leisten?

× **Nicht:** Ich habe keine Zeit dafür.

✓ **Sondern:** WAS hat weniger Priorität
und kann später erledigt werden?
Denn jeder Tag hat 24 Stunden
und es gibt immer Menschen,
die in dieser Zeit eher passiv sind
und andere, die ganze Imperien
aufbauen.

Natürlich muss nicht jeder Vorschlag umgesetzt werden - das sind alles Ideen meinerseits. Auf den letzten Seiten könnt ihr euch Alternativen einfallen lassen und diese individuell für euch eintragen!

Ich wünsche euch viel Spaß beim Durcharbeiten und würde mich sehr über ein Feedback auf Amazon von euch freuen!

1. Erstellt eine Collage

Wählt dabei ein Thema aus, das eure Beziehung betrifft. Das können gemeinsame Erinnerungen und Erlebnisse der Vergangenheit sein oder auch Wünsche und Ziele für die Zukunft. Es werden nur positive Dinge eingebracht! Sucht euch dafür passende Fotos und Bilder aus Zeitschriften heraus. Ihr könnt auch einzelne Buchstaben ausschneiden und daraus neue Wörter zusammensetzen. Je mehr Details ihr einbaut, umso mehr Energie werdet ihr beim späteren Betrachten dieser Collage erhalten! Ihr könnt zusätzlich Bilder malen! Wenn euch die Kreativität dazu fehlt, dann verwendet eine Vorlage – es muss nicht perfekt sein.

Nun fehlt nur noch der passende Platz. Hängt euer Werk in einem Raum auf, wo ihr täglich Zeit verbringt und die Bilder verinnerlichen könnt. Ich bevorzuge dafür das Schlafzimmer. Hier kommen die wenigsten Personen rein und ich kann die Inhalte sowohl morgens nach dem Aufstehen als auch abends vor dem Einschlafen wahrnehmen.

Tipp: Sollten euch die Ideen fehlen, dann lasst etwas Platz. Je häufiger ihr die Collage betrachtet und euch darüber austauscht, umso mehr Einfälle werdet ihr haben!

Priorität: ____________________

Geplante Umsetzung: ____________________

☐ Erledigt am: ____________________

Welches Thema habt ihr für die Collage gewählt und warum?

____

____

____

Was hat euch bei der Erstellung am meisten Freude bereitet und woran werdet ihr euch bei der Betrachtung immer erinnern?

____

____

____

Was habt ihr voneinander gelernt und könnt ihr euren Partner nun etwas besser einschätzen?

____

____

____

2. Malt euch gegenseitig

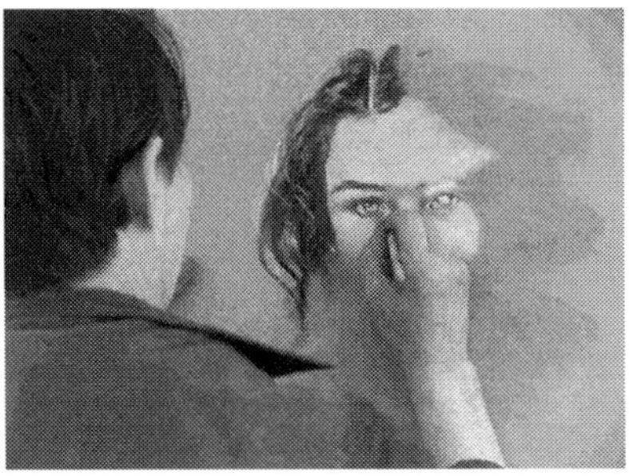

Jeder nimmt sich selbst und sein Umfeld anders wahr. Nun sollt ihr euren Partner malen und ihm zeigen, wie ihr ihn seht und liebt! Welche Hilfsmittel dabei verwendet werden, ist euch überlassen.

Vom einfachen weißen A4 Blatt mit Bleistift bis hin zur professionellen Leinwand auf Staffelei ist alles möglich! Als Vorlage können Fotos verwendet werden, oder die jeweilige Person steht dem Künstler als Modell zur Verfügung. Und je nach Pose, Räumlichkeit und angelegter Kleidung sind kurzfristige Unterbrechungen während des Malens nicht ausgeschlossen – jeder der den Film „Titanic" gesehen hat, sollte wissen was gemeint ist.

Alternativ könnt ihr auch ein Bild zusammen malen, wo ihr als Paar dargestellt seid. Es muss auch kein Portrait sein! Ihr wollt kommendes Jahr zusammen in die Berge oder ans Meer? Dann malt euch in dieser Situation und setzt gleichzeitig den Fokus auf dieses Ziel.
Legt bei dieser Aufgabe euren eventuell vorhandenen Perfektionismus ab! Gebt euch Mühe und nehmt euch Zeit für diese Aufgabe – der Partner wird es zu schätzen wissen!

Tipp: Alternativ könnt ihr die Person auch als Comic-Figuren malen! Überlegt euch dazu vorher die wichtigsten Erkennungsmerkmale, welche unbedingt hervorgehoben werden müssen (Brille, Augen, Piercings, Frisur, und so weiter).

Priorität: ____________________

Geplante Umsetzung: ____________________

☐ Erledigt am: ____________________

Was waren eure größten Herausforderungen bei der Umsetzung dieser Idee?

____

____

____

Welche Reaktionen gab es vom jeweils anderen?

____

____

____

Hättet ihr euch sofort wieder erkannt? Oder war die Selbstwahrnehmung ganz anders?

____

____

____

3. Nehmt an einem Kochkurs teil

Eure Kochkünste sind ausbaufähig? Ihr wollt euren Partner gern nach einem langen und anstrengenden Arbeitstag mit einem 3-Gänge-Menü überraschen, euch fehlen aber die Ideen?

Bei einem gemeinsamen Kochkurs erweitert ihr euer Wissen und eure Fähigkeiten – und habt dazu auch noch jede Menge Spaß! Ihr lernt Basics und Tricks vom Profi. Anschließend genießt ihr das zubereitete Essen bei Kerzenschein und einem guten Glas Wein. Wenn ein Kurs mit weiteren Teilnehmern gebucht wird, kann man sich austauschen und gleich noch ein paar interessante Kontakte knüpfen – vielleicht gibt es Gemeinsamkeiten und die nächste Aktivität wird mit einem anderen Pärchen zusammen geplant?

Ein Kochkurs ist auch eine tolle Geschenkidee! Vorher sollte allerdings klar sein, ob einer der Teilnehmer Allergien hat oder eine spezielle Ernährungsform lebt.

Tipp: Auch für Hobby-Köche kann diese Idee sehr interessant sein! Wählt einen Kochkurs, wo ihr Gerichte aus anderen unbekannten Ländern zubereitet. Ihr lernt neue Lebensmittel, Gewürze, Möglichkeiten der Zubereitung kennen.

Priorität: ________________

Geplante Umsetzung: ________________

☐ Erledigt am: ________________

Welche Gerichte habt ihr zubereitet? Notiert euch auch die Zutaten und wichtige Schritte!

____

____

____

Welche neuen Kenntnisse und Fähigkeiten werdet ihr in euren Alltag einbauen?

____

____

____

Was war euer Highlight und eure wichtigste Erkenntnis bei dieser Aktivität?

____

____

4. In einer Gondel durch Venedig

Davon träumt doch wohl jede Frau, oder? Einmal mit dem Liebsten in einer Gondel sitzen, sich durch eine außergewöhnliche Stadt wie Venedig schippern lassen und die Zweisamkeit genießen.

Diese Gelegenheit bietet sich in Venedig an nahezu jeder Ecke.

Da dies eine der typischen Touristenattraktionen ist, solltet ihr aber auch das passende Kleingeld einplanen und vorab im Internet die Preise vergleichen. Ihr legt selbst fest, wie weit euch der Gondoliere fahren soll und ob ihr weitere Optionen, wie Livemusik buchen wollt.

Auch die Jahreszeit und das Wetter sollte bei diesem Ausflug berücksichtigt werden – denn im Sommer kann ein längerer Aufenthalt in der prallen Sonne sehr anstrengend sein. In der Nebensaison kommen weniger Touristen in die Stadt und ihr könnt den Ausflug noch mehr genießen.

Tipp: Ein italienischer Wirt hat nach Leipzig (Ortsteil Plagwitz) echte venezianische Gondeln importiert, welche das vorhandene Kanalsystem nutzen! Hier haben sich bereits zahlreiche Cafés und Restaurant am Ufer angesiedelt. Ihr müsst also nicht unbedingt nach Italien fahren, um etwas venezianisches Flair zu schnuppern.

Priorität: ___________________

Geplante Umsetzung: ___________________

☐ Erledigt am: ___________________

Wie habt ihr euch während und nach der Fahrt gefühlt?

____

____

____

Worüber habt ihr euch währenddessen unterhalten?

____

____

____

Was konntet ihr beobachten? Was hat euch am meisten beeindruckt?

____

____

5. Absolviert einen Tanzkurs

Jetzt wird ein Großteil der Männer wahrscheinlich die Augen verdrehen oder einmal kräftig stöhnen. Aber halt, liebe Herren!
Tanzen hat auch einen ganz entscheidenden Vorteil! Hier hat die Dame nichts zu melden, sie muss der Führung des Mannes folgen. Also kann man während des Tanzes bestimmen, was seine Herzdame genau tun soll.

Gesellschaftstänze bieten aber noch viele weitere Vorzüge! Bei kaum einer anderen Aktivität herrscht so viel körperliche Nähe. Es gibt ganz viele unterschiedliche Tänze, jeder hat seinen eigenen Charakter – es dürfte also auch für euch etwas passendes dabei sein! Und es hat gewisse Vorteile, wenn man auf der nächsten Familienfeier die Tanzfläche erobern kann. Spätestens am Tag der Hochzeit sollten ein paar Grundschritte sitzen, wenn ihr keinen Ententanz oder ähnliches aufführen wollt. Und die körperliche Bewegung hält den Körper fit – das Herz wird leistungsfähiger und die Durchblutung verbessert sich!

Wenn der Partner nun immer noch nicht überzeugt ist, dann fragt bei einer nahegelegenen Tanzschule bezüglich einer Schnupperstunde an und überzeugt euch vor Ort.

Tipp: Regelmäßiges Tanzen reduziert das Risiko an Demenz oder Alzheimer zu erkranken um **75 %**! Dies wurde an der amerikanischen Elite-Uni Stanford über eine Langzeitstudie von 21 Jahren herausgefunden.

Priorität: ____________________

Geplante Umsetzung: ____________________

☐ Erledigt am: ____________________

Welche Tänze sind bzw. waren Bestandteil des Kurses? Interessieren euch noch weitere?

____

____

____

Denkt ihr, dass diese neuen Kenntnisse und Fähigkeiten für die Zukunft extrem wertvoll sind?

____

____

____

Was war die größte Herausforderung bei der Umsetzung? Habt ihr sie gemeistert?

6. Dinner in the Dark

Liebe geht ja bekanntlich durch den Magen. Nun haben sich inzwischen einige Restaurants auf das Essen bei kompletter Finsternis spezialisiert.

Hier werden die Gäste am Empfang entweder von einem blinden Kellner oder einem Kellner mit Nachtsichtbrille an ihren Tisch begleitet. Es darf kein Smartphone oder ähnliches benutzt werden und man sieht die Hand vor Augen nicht.

Das Essen besteht aus mehreren Gängen. Anfangs sollten Allergien bekannt gegeben werden und die Gäste können für die Hauptspeise oftmals zwischen Fleisch, Fisch und vegetarisch wählen. Die genauen Gerichte werden nicht verraten, jedoch nach dem Essen auf Bildern präsentiert.

Ihr werdet wahnsinnig viel Spaß haben und eure Sinne schärfen können! Ich wünsche euch jetzt schon einmal viel Erfolg bei der Suppe.

Tipp: **Ihr wollt noch mehr Spaß bei dieser Aktivität haben? Dann zieht euch ganz bewusst ein weißes Oberteil dazu an!**

Priorität: ____________________

Geplante Umsetzung: ____________________

☐ Erledigt am: ____________________

Wie habt ihr euch in der Dunkelheit gefühlt und zurechtgefunden?

____

____

____

Wie unterschieden sich die tatsächlichen Gerichte im Vergleich zu euren Vorstellungen während des Essens?

____

____

____

Was war euer Highlight bei dieser Aktivität?

____

____

____

7. Partner-Workout – Jetzt wird's sportlich

Die Gesundheit ist unser größter Vermögenswert! Auf ihr baut alles andere auf. Daher sollte auch etwas Sport auf eurer To-Do-Liste ganz weit oben stehen! Und so eine Trainingseinheit könnt ihr natürlich jederzeit und überall auch zusammen durchführen. Dabei ist es egal, ob ihr im Fitnessstudio mit Geräten und Gewichten arbeitet, zuhause mit dem eigenen Körpergewicht trainiert oder an der frischen Luft Joggen geht.

Ihr könnt euch gegenseitig unterstützen und motivieren. Sucht euch ein paar Übungen heraus und besprecht die gewünschte Anzahl an Wiederholungen und die Satzpausen. Startet gleichzeitig oder im Wechsel. Achtet gegenseitig auf eine saubere Ausführung der Bewegungen und Einhaltung der festgelegten Pausenzeiten. Viele Übungen können mit einem Trainingspartner leichter oder schwieriger gemacht werden, zum Beispiel Klimmzüge.

Tipp: Gebt beim Training richtig Gas und ihr seid nach spätestens 45 Minuten schweißgebadet! Der anschließende Gang unter die Dusche kann gemeinsam erfolgen.

Priorität: ____________________

Geplante Umsetzung: ____________________

☐ Erledigt am: ____________________

War eure Motivation beim Workout größer, als wenn ihr allein trainiert hättet?

____

____

____

Wie habt ihr euch nach dem Training gefühlt? Wart ihr stolz aufeinander?

____

____

____

Werdet ihr weitere Partner-Workouts in Zukunft in euren Alltag integrieren? Wie werden diese aussehen und welche Übungen müssen unbedingt dabei sein?

____

____

8. Eine Ballonfahrt

Ihr wollt einen magischen Moment erleben? Bei einer Ballonfahrt werdet ihr ihn finden! Die Vorfreude steigt von Minute zu Minute, bis der Korb endlich vom Boden abhebt und ihr euch nur vom Wind tragen lasst. Genießt wundervolle Landschaften und traumhafte Ausblicke – ihr schwebt im Himmel und fühlt euch frei.

Anschließend findet oftmals die traditionelle Ballontaufe statt. Das ist ein besonderes Ritual, welches je nach Verein oder Rahmenbedingungen unterschiedlich gestaltet sein kann. Hier wird mit Getränken angestoßen, ein Eid abgelegt und die Erstballonfahrer verpflichten sich, jedem anderen Ballonfahrer in Not zu helfen.

Dieses Erlebnis ist nur bei gutem Wetter möglich. Die Windverhältnisse und Thermik müssen passen (Sonnenaufgang oder 2 Std. vor Sonnenuntergang). Ein Begleitfahrzeug fährt dem Ballon hinterher zum späteren Abbau und Rücktransport.

Tipp: Kleidet euch so, als würdet ihr zur gleichen Jahreszeit eine Wanderung in den Bergen unternehmen. Besonders wichtig ist festes Schuhwerk. Eine Kopfbedeckung kann vor der eventuell unangenehmen Wärme des Brenners schützen.

Priorität: ____________________

Geplante Umsetzung: ____________________

☐ Erledigt am: ____________________

Wie habt ihr euch bei diesem Ausflug gefühlt? Musstet ihr eure Ängste überwinden?

____

____

____

Wie sah eure Flugstrecke aus? An habt ihr erblicken können?

____

____

____

Gab es eine Ballontaufe? Seid ihr nun bereit und in der Lage auch anderen Ballonfahrern in Not zu helfen?

____

____

9. Startet ein Business

Ihr wollt beruflich mal etwas anderes ausprobieren und aus dem langweiligen Arbeitsalltag ausbrechen? Vielleicht habt ihr ein gemeinsames Hobby und seid darin auch schon Experten? Ihr sucht neue Herausforderungen und wollt euch ein zusätzliches Standbein aufbauen?

Dann startet doch zusammen ein eigenes Business als Nebengewerbe zu eurem Hauptjob! Ihr könnt euer Hobby zum Beruf machen oder verschiedenste Möglichkeiten ausprobieren.
Egal ob als Online-Shop-Betreiber, Coach, Übersetzer, Texter, Foodtruck-Inhaber, Website-Ersteller, Online-Marketer, Franchiseunternehmer, Fotograf, Immobilist oder Personal Trainer – jeder kann sich Fähigkeiten und Kenntnisse aneignen und diese anderen Menschen zur Verfügung stellen! Das ist nicht nur im persönlichen Kontakt möglich, sondern auch über Mitgliederbereiche und Plattformen, wie YouTube oder Digistore24. Oder wie wäre es mit einem eigenen Buch? Nie war es so einfach wie heute, selbst ein E-Book oder Taschenbuch zu schreiben und zu veröffentlichen. Dabei könnt ihr ein

Thema aussuchen, was euch besonders liegt oder ihr informiert euch ausgiebig im Internet und sammelt Ideen. Wie ihr das Ganze erstellt und veröffentlicht, erfahrt ihr auch im Internet.

Tipp: Ihr habt keine Geschäftsidee? Fragt euch ständig: „Welche Probleme anderer Menschen kann/will ich lösen?“ „Welchen Mehrwert kann ich anderen bieten?“ „Was macht euch so viel Spaß, dass ihr dabei Raum und Zeit vergesst und eure Leidenschaft voll einfließen lasst?“

Priorität: ___________________

Geplante Umsetzung: ___________________

☐ Erledigt am: ___________________

Welche Ideen für ein eigenes Business habt ihr?

____

____

____

Was sind eure größten Herausforderungen bei dieser Idee?

____

____

____

Könnt ihr euch vorstellen, dieses Business später als Haupttätigkeit auszuüben? Begründung.

10. Meditation für innere Balance

Der Alltag ist oft sehr stressig. Und wenn ihr gestresst seid, wirkt sich das auch negativ auf eure Handlungen und euer Umfeld aus. Dann kommt es in der Beziehung schnell zu Spannungen und Konflikten.

Probiert es doch mal mit Meditation. Wie das genau funktioniert könnt ihr im Internet über verschiedene Videoplattformen oder in einem Kurs lernen.

Hier könnt ihr euch mal ganz egoistisch nur auf euch selbst konzentrieren! Ihr werdet euren Körper besser kennen lernen, aufmerksamer und offener für die kleinen Dinge im Leben werden, euch entspannen und den Moment genießen.

Seid nicht ungeduldig! Auch Meditieren müsst ihr erst Schritt für Schritt erlernen. Jede Übung bringt euch vorwärts und hilft euch, innere Balance zu finden und euer Bewusstsein zu erweitern. 5 bis 10 Minuten reichen für den Anfang vollkommen aus.

Tipp: Richtet euch einen festen Ort zum Meditieren ein – wenig Ablenkung, Bilder, Kerzen, Pflanzen, … euch sind keine Grenzen gesetzt!

Priorität: ____________________

Geplante Umsetzung: ____________________

☐ Erledigt am: ____________________

Wie habt ihr euren Meditationsplatz gestaltet?

____

____

____

Welche Gedanken kommen euch beim Meditieren?

____

____

____

Wie fühlt ihr euch danach? Welche Auswirkungen hat das Meditieren auf euer Leben?

____

____

____

11. Essen gehen mal anders

Ihr geht zusammen essen, soweit so gut. Nur was werdet ihr bestellen? Genau diese Entscheidung nimmt euch diesmal euer Partner ab.

Getränke, Vorspeise, Hauptgericht, Nachtisch, Digestif,... – ihr bestellt jeweils für den Partner. Und damit noch etwas mehr Spannung aufgebaut wird, sagt ihr dem Kellner nur die Nummer des Getränkes oder der Speise bzw. zeigt sie ihm in der Speisekarte.

Dazu solltet ihr beide natürlich offen für neue Speisen, Geschmäcker und Gewürze sein. Auch Allergien und Unverträglichkeiten sind unbedingt zu berücksichtigen. Und nehmt es eurem Partner nicht übel, wenn er überhaupt nicht euren Geschmack getroffen hat – notfalls könnt ihr euch untereinander etwas austauschen.

Tipp: Schaltet unbedingt das Handy aus und widmet eure volle Aufmerksamkeit dem Partner. Hier schenkt ihr euch ganz bewusst eure Zeit!

Priorität: ____________________

Geplante Umsetzung: ____________________

☐ Erledigt am: ____________________

Welche Köstlichkeiten durftet ihr probieren und wie hat es geschmeckt?

____

____

____

Wie seid ihr mit der Wahl, die euer Partner für euch getroffen hat, zufrieden gewesen?

____

____

____

Ist es für euch ungewohnt, mal nicht telefonisch erreichbar zu sein? Überlegt euch 5 weitere Situationen, in denen ihr das Handy abschalten könnt!

____

____

____

12. Setzt euch Ziele

Ihr kennt eure Ziele noch nicht genau? Dann werdet ihr nie das Gefühl haben, im Leben angekommen zu sein. Ihr müsst wissen, wohin ihr wollt – erst dann könnt ihr euren Fokus darauf ausrichten und Entscheidungen treffen, welche euch diesen Zielen näher bringen.

Die meisten Menschen sagen immer nur, was sie nicht wollen. Aber was wird ein Taxifahrer tun, wenn ihr ihm immer nur sagt, wohin ihr nicht wollt? Richtig! Er schaut euch fragend an und bleibt stehen.

Nehmt euch die Zeit und sprecht über eure gemeinsamen Ziele – für die nahe Zukunft, in 2 Jahren und in 5 Jahren. Dann zieht ihr auch an einem Strang und bewegt euch in dieselbe Richtung! Sobald ein Ziel erreicht wurde, könnt ihr euch auch gleich das nächste setzen.
Damit ihr auch die notwendige Motivation für die Umsetzung habt, braucht ihr ein starkes „Warum"! Wenn ihr also wisst, was ihr nicht wollt, dann formuliert diese Sätze um und schreibt auf, was ihr stattdessen wollt UND wann es erreicht sein soll!

Tipp: Macht diese Übung unbedingt schriftlich! Alles, was ihr aufschreibt, müsst ihr euch vorstellen können. Jedes Ziel sollte exakt formuliert und messbar sein!

Priorität: __________________

Geplante Umsetzung: __________________

☐ Erledigt am: __________________

Welche Schwierigkeiten hattet ihr bei der Formulierung eurer Ziele?

____

____

____

Welches Ziel ist euer Favorit und warum? Bis wann wollt ihr es erreicht haben?

____

____

____

Für welche Lebensbereiche benötigt ihr weitere Zielsetzungen? (Beziehung, Finanzen, Gesundheit, Selbstverwirklichung, ...)

____

____

____

13. Hoch hinaus im Hochseilgarten

Das Abenteuer ruft! Nach ein paar kurzen Instruktionen vom Fachpersonal geht es in den ersten Parcours. Mit jedem Schritt nach oben beginnen eure Knie etwas mehr zu zittern und die Hände werden feucht. Dann steht ihr auf der ersten Plattform, das Adrenalin schießt durch euren Körper und der Blick in die Tiefe löst Anspannung und Faszination zugleich aus.

Nun geht es los! Überwindet eure Ängste und meistert neue Herausforderungen. Mit jedem Hindernis kommt ihr mehr an eure Grenzen und überwindet diese. Jeder Abschnitt erfordert euren Mut, Kraft und volle Konzentration. Ihr werdet euch gegenseitig motivieren und unterstützen.

Am Ende eines jeden Parcours erwarten euch grandiose Glücksgefühle – ihr werdet euch stark fühlen und zufrieden sein! Diese Erfahrung wird euch noch mehr zusammen schweißen.

Tipp: Jeder Parcours hat eine Farbe und damit einen anderen Schwierigkeitsgrad. Tastet euch langsam voran, damit ihr euch beide gut dabei fühlt und Spaß habt! Und plant genug Zeit ein – 3 Stunden sind aus meiner Sicht das absolute Minimum.

Priorität: ____________________

Geplante Umsetzung: ____________________

☐ Erledigt am: ____________________

Wie habt ihr euch während der Aktivität gefühlt? Konntet ihr euch gegenseitig unterstützen?

____

____

____

Welche Hindernisse waren eure größten Herausforderungen?

____

____

____

Welchen Schwierigkeitsgrad habt ihr gemeistert? Habt ihr eure Grenzen überwunden?

____

____

14. Pilgern auf dem Jakobsweg

Jetzt wird es wieder abenteuerlich! Ihr wollt euch selbst besser kennen lernen? Den Alltag hinter euch lassen? Mal etwas ganz anderes ausprobieren? Perfekt! Nehmt euch ein paar Wochen Zeit und pilgert einen Jakobsweg entlang.

Aber wie kann man sich eine solche Reise vorstellen? Ihr werdet mehrere Hundert Kilometer wandern, durch ein fremdes Land mit einer fremden Sprache. Die Route ist euch unbekannt, ihr übernachtet jeden Tag in einer anderen Unterkunft und begegnet vielen interessanten Menschen! Stets von der Natur umgeben, werdet ihr eure körperlichen als auch mentalen Grenzen kennenlernen.

Für dieses Abenteuer müsst ihr natürlich eure Komfortzone verlassen. Das bedeutet aber auch, dass eure persönliche Entwicklung einen ordentlichen Schub bekommen wird! Von den Erfahrungen dieser Reise werdet ihr euer ganzes Leben profitieren.

Tipp: Es gibt viele verschiedene Jakobswege, der bekannteste ist der Camino Francés. Eine gute Vorbereitung ist wichtig! Im Internet gibt es dazu zahlreiche Informationen, Videos und Tipps. Führt am besten ein Tagebuch und haltet magische Momente fest!

Priorität: ______________

Geplante Umsetzung: ______________

☐ Erledigt am: ______________

Welche Strecke habt ihr innerhalb welches Zeitraums zurückgelegt?

____

____

____

Welche Herausforderungen gab es dabei?

____

____

____

Schreibt euch ein paar interessante Personen auf, die ihr auf dieser Reise kennengelernt habt!

Was habt ihr in dieser Zeit über euch, euren Partner und das Leben gelernt?

15. Besucht ein Seminar

Ja richtig, ich empfehle euch den Besuch von Seminaren – besonders zu den Themen Persönlichkeitsentwicklung, Mindset, Beziehungen, Finanzen und Gesundheit! Dann kommt meist die Frage „Wozu soll das gut sein?" oder „Warum soll ich Zeit und Geld dafür ausgeben?". Nun ja, die genannten Themen sind aus meiner Sicht die Basis für ein glückliches, selbstbestimmtes und erfolgreiches Leben.

Die meisten Menschen leben in den Tag hinein und führen ein durchschnittliches Dasein. Sie machen genau das, was sie in ihrem Umfeld gelernt und abgeschaut haben – sie passen sich an. Eure Zeit ist begrenzt und wertvoll! Daher ist ein durchschnittliches Leben aus meiner Sicht nicht erstrebenswert. Oder wollt ihr gern eine durchschnittliche Beziehung führen? Das klingt langweilig und zum Scheitern verurteilt, oder?

Damit sich in eurem Leben also etwas ändert, müsst ihr euch verändern! Wer stets die gleichen Dinge tut, kann keine anderen Ergebnisse erwarten. Und hier kommen die Seminare ins Spiel – sie geben euch neue Denkanstöße und helfen euch, die Sicht auf euer Leben aus einer anderen Perspektive wahrzunehmen. Ihr lernt von Menschen, die bereits dort sind, wo ihr hin wollt. Damit müsst ihr nicht mehr die Fehler machen, die diese

Personen schon getan haben und mit euch teilen. Seminare sind also ein Turbo, der euch schneller voran bringt.

Tipp: Der Besuch eines Seminars bringt euch erst etwas, wenn ihr das Wissen und die erhaltene Energie daraus schnellstmöglich in eurem Alltag umsetzt! Sucht euch unter den Teilnehmern einen „Buddy", mit dem ihr in Kontakt bleibt und euch antreibt!

Priorität: ____________________

Geplante Umsetzung: ____________________

☐ Erledigt am: ____________________

Welche Seminare findet ihr interessant und warum?

____

____

____

Was habt ihr aus eurem ersten Seminar mitgenommen? Was wollt ihr davon umsetzen?

____

____

____

Welche Herausforderungen habt ihr bei der Umsetzung?

____

____

16. Escape Room

Jetzt spielt ihr die Hauptrolle in eurem eigenen Film! Lasst euch zusammen in einem Raum einsperren und taucht in eine spannende Geschichte ein. Ihr könnt als Schwerverbrecher mit eurer Beute aus dem Hochsicherheitsgefängnis ausbrechen – aber beeilt euch, denn die Wärter kommen bald zurück! Oder ihr hindert einen verrückten Forscher daran, einen tödlichen Virus auf die Menschheit loszulassen – nur ihr könnt das Unglück noch verhindern!

Ziel des Spiels ist es, innerhalb eines vorgegebenen Zeitraums einen Schlüssel zu finden und den Raum wieder zu verlassen. Dabei gibt es viele seltsame Gegenstände, kniffelige Rätsel und versteckte Hinweise. Ihr müsst logisch denken, kreativ sein und im Team zusammenarbeiten. Nur so habt ihr eine Chance, das Szenario zu lösen und das Spiel zu gewinnen.

Bevor das Spiel beginnt, wird sich ein Mitarbeiter des Anbieters bei euch vorstellen und die Spielregeln erklären. Diese Person beobachtet euch dann über die angebrachten Kameras. Über sie erhaltet ihr auch kleine Hinweise und Tipps, wenn ihr nicht mehr weiter wisst. Solltet ihr in diesen Situationen trotzdem wenig fremde

Hilfe beanspruchen wollen, dann sprecht das einfach mit dieser Person ab.

Tipp: Schaut euch anfangs den gesamten Raum an und tragt alle Gegenstände zusammen, die ihr finden könnt. Bleibt stets ruhig und hört bei den Audiosequenzen genau zu, auch dort gibt es versteckte Hinweise.

Priorität: ____________________

Geplante Umsetzung: ____________________

☐ Erledigt am: ____________________

Wie sah euer Szenario aus? Welche Aufgabe solltet ihr erfüllen?

____

____

____

Was waren dabei eure größten Herausforderungen?

____

____

____

Was würdet ihr beim nächsten Mal vielleicht anders machen bzw. was habt ihr dabei gelernt?

____

____

17. Kreuzfahrt

Ihr wollt innerhalb kurzer Zeit möglichst viel von der Welt sehen? Das könnt ihr ganz entspannt mit einer Kreuzfahrt umsetzen! In einer Woche lernt ihr bis zu 6 verschiedene Städte oder Regionen kennen. Egal ob ihr am Abend einen Cocktail trinkt und den Sonnenuntergang beobachtet oder nachts in eurer Kabine schlaft - euer Schiff fährt zu einem neuen Ziel.

Und damit euer Aufenthalt auf dem Schiff so angenehm wie möglich wird, lassen sich die Anbieter inzwischen einiges einfallen! Vom All-Inclusive-Buffett über Wellness- und Sportanlagen bis hin zu Einkaufspassagen, Kino, Theater, Disco und Casino bleibt kaum ein Wunsch unerfüllt. Dazu könnt ihr jeden Tag neue Leute kennenlernen – aber Achtung: Wenn ihr weiter in Kontakt bleiben wollt, dann tauscht schnell eure Kontaktdaten aus. Auf einem riesigen Kreuzfahrtschiff werdet ihr euch nur zufällig ein zweites Mal über den Weg laufen!

Natürlich gibt es je nach Ausstattung und Angebot auch verschiedene Preiskategorien. Eine Innenkabine ist die günstigste Übernachtungsmöglichkeit - aus meiner Sicht vollkommen ausreichend, denn ihr werdet darin nur schlafen und den Rest des Tages unterwegs sein. Zusatzangebote, wie geführte Tagesausflüge erhöhen den Preis nochmals.

Tipp: Solltet ihr zum ersten Mal einen Ausflug auf See machen, dann bucht eure Kabine möglichst mittig vom Schiff bis maximal 4. Etage. Damit verringert ihr das Risiko, während der Fahrt seekrank zu werden.

Priorität: ____________________

Geplante Umsetzung: ____________________

☐ Erledigt am: ____________________

Welche Orte und Regionen habt ihr gesehen?

____

____

____

Was waren eure schönsten Momente?

____

____

____

Welchen Ort bzw. Region wollt ihr unbedingt noch einmal intensiver erkunden und warum?

18. Schreibt euch einen Liebesbrief

Eines steht fest: Ihr könnt eurem Partner nie zu oft sagen, dass ihr ihn liebt und wie sehr ihr ihn schätzt! Ganz im Gegenteil. Im Alltag werden diese wichtigen Worte oftmals vernachlässigt oder sogar vergessen. Aber es gibt Situationen im Leben, da braucht der Partner genau diese Worte – nach einem Streit, durch ein Missverständnis oder bei innerer Unsicherheit durch stressige und herausfordernde Situationen.

Schreibt separat voneinander einen Liebesbrief an euren Partner. Denkt nicht lange darüber nach und packt alles hinein, was ihr an ihm toll findet und liebt! Zeigt, dass ihr glücklich seid und euch eine gemeinsame Zukunft wünscht. Macht Vorschläge, wie diese Zukunft aussehen kann.

Wenn euer Brief dann fertig ist, steckt ihn in einen Umschlag und schreibt den Namen und die Anschrift des Partners darauf. Nun versteckt diesen Brief für einen frei wählbaren Zeitraum und mischt ihn irgendwann unter die normale Post.

Tipp: Beim Schreiben könnt ihr im Hintergrund eine passende Musik laufen lassen – wie wäre es mit eurem gemeinsamen Song? Damit wird der Moment für euch noch viel emotionaler und ihr öffnet euch in diesem Brief dem Partner gegenüber noch mehr.

Priorität: ________________

Geplante Umsetzung: ________________

☐ Erledigt am: ________________

Welche Erkenntnisse hattet ihr beim Schreiben des Briefes, als ihr euch intensiv Gedanken zu eurem Partner gemacht habt?

____

____

____

Wie war die Reaktion des Partners nach Erhalt des Liebesbriefes?

____

____

____

Was habt ihr vom anderen gelernt? Welche Worte haben euch sehr bewegt?

____

____

19. Cocktails mixen

Tequila Sunrise, Caipirinha, Mojito, Cosmopolitan, Pina Colada, Margarita und Co.! Ein leckerer Cocktail am Abend bringt die Geschmacksnerven auf Hochtouren. Das Mixen dieser Getränke kann sehr viel Spaß machen und bietet unendlich viele Möglichkeiten!

Sucht euch aus Büchern oder Internetseiten ein paar interessante Rezepte heraus und kauft die notwendigen Zutaten, wie Getränke, Obst- und Gemüsesorten, Rohrzucker und Sahne ein. Zusätzlich benötigt ihr ein Set, welches mindestens einen Cocktail-Mixer, einen Messbecher für 1 bis 4 cl und einen Stößel enthält. Sorgt außerdem für ausreichend Eiswürfel im Gefrierfach. Eventuell werden weitere Utensilien für ganz bestimmte Getränke benötigt.

Probiert die Rezepte aus und richtet eure Cocktails schön an! Sucht euch dafür passende Gläser und dekoriert diese mit Obst, Schirmchen und Trinkhalm. Nun könnt ihr die Getränke mit einem eurer Lieblingsfilme kombinieren und den Abend genießen. Ihr wollt eure Fähigkeiten gern mit Bekannten teilen? Dann schickt diesen Menschen ein Foto von euren Cocktails und ladet sie zu einer kleinen Cocktailparty ein – sie werden sich freuen!

Tipp: Kreiert euren eigenen Cocktail! Testet verschiedene Kombinationen und nehmt eure Lieblingszutaten! Gebt dem Getränk noch einen eigenen Namen, macht ein Foto und lasst dieses zum Beispiel für die Küche auf Leinwand mit Keilrahmen drucken.

Priorität: ___________________

Geplante Umsetzung: ___________________

☐ Erledigt am: ___________________

Welche Rezepte musstet ihr unbedingt ausprobieren? Sind sie gelungen?

____

____

____

Welche Zutaten enthält euer persönlicher Cocktail und wie heißt er?

____

____

____

Welche Personen wollt ihr nun zeitnah auf einen Cocktail zu euch einladen?

20. Wildwasser-Rafting

Ein weiteres unvergessliches Freizeiterlebnis ist das Wildwasser-Rafting! Die rasante Fahrt im Schlauchboot sorgt für Abenteuer, Begeisterung, Nervenkitzel und ist für Jung und Alt geeignet. Erlebt die frische Luft in unberührter Natur. Von leichten Stromschnellen mit sanftem Wellengang bis hin zu hohen Wellen und schäumenden Walzen ist alles dabei. Erlebt die ungezügelten Kräfte der Natur, welche euren Adrenalinspiegel hochschnellen lassen!

Zu Beginn erhaltet ihr einen Neoprenanzug und eine Schwimmweste. Darauf folgt eine professionelle Einweisung in die Themen Sicherheit und Paddeltechnik. Ihr werdet von einem erfahrenen Guide begleitet, welcher Anweisungen gibt und dafür sorgt, dass euch nichts passiert. Dieser erzählt euch in ruhigen Phasen auch etwas über die Gegend, in der ihr euch gerade befindet und beantwortet Fragen.
Voraussetzungen für die Teilnahme an einem solchen Ausflug sind die Schwimmfähigkeit sowie ein Mindestalter und allgemeine körperliche Fitness. Ihr solltet Badesachen, Badelatschen, T-Shirt und ein Handtuch einpacken – schon beim Start müsst ihr das Boot ins Wasser tragen und werdet dabei natürlich nass!

Tipp: Informiert euch beim Anbieter vor der Buchung über den aktuellen Wasserstand. Ist dieser wegen Trockenheit gerade sehr niedrig, findet möglicherweise kein Rafting statt. Je höher der Wasserstand, umso mehr Kräfte entstehen für mehr Spaß!

Priorität: ____________________

Geplante Umsetzung: ____________________

☐ Erledigt am: ____________________

Welche Strecke seid ihr entlang gefahren? Woran könnt ihr euch noch genau erinnern?

____

____

____

Wie habt ihr diese Aktivität erlebt? Was war eure größte Herausforderung?

____

____

____

Was habt ihr dabei gelernt?

21. Lest einen Beziehungsratgeber

Seid ihr mit eurer Liebesbeziehung auf dem richtigen Weg oder eher im Blindflug? Die meisten Paare führen ihre Beziehung nach bestem Wissen und Gewissen. Dies beruht auf eigenen Erfahrungen und dem Umfeld. Wenn in eurem Umfeld hauptsächlich Personen vorkommen, die Single sind oder bisher nur kurzfristige Beziehungen hatten, dann sind deren Verhaltensmuster und Ratschläge zu diesem Thema nicht optimal für euch!

Ihr könnt aber auch von dem Wissen und den Erfahrungen echter Profis profitieren! Sucht euch einen passenden Beziehungsratgeber und lest ihn aufmerksam durch. Macht euch Notizen zu den wichtigsten Punkten.
Jeder von euch liest diesen Ratgeber. Im Anschluss tauscht ihr euch darüber aus und ergänzt euch. Ihr werdet merken, dass ihr teilweise andere Inhalte wahrnehmt bzw. verschiedene Kapital ganz unterschiedlich interpretiert. Das hat mit eurem persönlichen Wahrnehmungsfilter zu tun – dieser sorgt dafür, dass euer Gehirn nicht mit zu vielen Informationen und Reizen überfordert wird. Nun erstellt ihr schriftlich einen Plan, wie ihr diese Informationen und Vorschläge in euren Alltag integrieren und umsetzen könnt und tut es einfach!

Glückwunsch, damit seid ihr anderen Paaren meilenweit voraus - bleibt dran!

Tipp: Ich kann euch das Buch „Die 5 Sprachen der Liebe“ von G. Chapman wärmstens empfehlen! Ihr müsst die Liebessprache eures Partners verstehen, damit ihr euren Liebestank regelmäßig füllen könnt.

Priorität: ________________

Geplante Umsetzung: ________________

☐ Erledigt am: ________________

Welchen Beziehungsratgeber habt ihr gelesen und warum genau diesen?

____

____

____

Was waren eure wichtigsten Erkenntnisse daraus?

____

____

Was wollt ihr schnellstmöglich in die Praxis umsetzen und wie?

____

____

____

22. Wandern gehen

Die Natur entdecken, unbekannte Gegenden erkunden, die eigene Gesundheit fördern, Grenzen überwinden, das Selbstbewusstsein stärken und neue Leute kennen lernen – das sind ein paar mögliche Vorteile einer Wanderung!

Ich gehe sehr gern in der sächsischen Schweiz wandern. Hier gibt es immer etwas Neues zu entdecken! Unsere favorisierte Tagesroute beginnt am Lichtenhainer Wasserfall, wo wir das Auto abstellen können. Von dort aus wandern wir gern über ein Felsplateau zum Kuhstall, beschreiten die Himmelsleiter und als Höhepunkt folgt der Weg zur Schrammsteinaussicht. Dafür müssen einige Höhenmeter und Stufen überwunden werden. Für die anschließende Aussicht lohnt sich das definitiv!

Es gibt zahlreiche Wandergebiete in der Region. Im Netz findet ihr beliebte Wanderrouten inklusive Schwierigkeitsgrad, Sehenswürdigkeiten, Erfahrungsberichten, Tipps und zeitlichem Rahmen. Genießt die Zweisamkeit!

Tipp: Definiert ein genaues Ziel und packt genug Proviant ein. Je länger die Strecke ist, umso besser solltet ihr euch darauf vorbereiten. Denkt an festes Schuhwerk! Besorgt euch Wanderkarten mit eingezeichneten Routen, Sehenswürdigkeiten und Gasthäusern.

Priorität: ____________________

Geplante Umsetzung: ____________________

☐ Erledigt am: ____________________

Welche Tour habt ihr euch als erstes ausgesucht und warum?

____

____

____

Welche Erinnerungen habt ihr zu eurer letzten Wanderung? Gab es persönliche Highlights?

____

____

____

Welche Gegenden interessieren euch außerdem noch und wann wollt ihr sie erkunden?

____

____

23. Klärt diese zwei wichtigen Fragen

Ich gebe euch nun zwei Fragen, die eure Beziehung auf das nächste Level heben können. Ihr solltet sie euch schriftlich und so präzise wie möglich beantworten!

1. „Was kann ich für dich tun, damit du dich vollends von mir geliebt fühlst?"

2. „Was kann ich für dich tun, damit du dich als meine absolute Nummer 1 siehst?"

Diese Fragen bilden die Grundlage für eure Beziehung – für Vertrauen, Zuneigung und Wertschätzung. Die Antworten müssen so genau wie möglich sein. Liebe Dame, besonders der Mann braucht eine einfache „Bedienungsanleitung"! Wenn du also täglich von deinem Partner umarmt werden möchtest, dann reicht diese Information längst noch nicht aus! Der Mann kann dabei noch einiges falsch machen. Also lege möglichst den Zeitpunkt und die Häufigkeit der Umarmung fest. Zeige ihm genau, wie stark er dich drücken soll, auf welcher

Seite sein Kopf dabei sein muss und ob er die Arme stillhalten, den „Scheibenwischer“ oder ein Klopfzeichen machen soll. Vielleicht möchtest du auch, dass er währenddessen etwas hin und her schaukelt oder dir bestimmte Worte ins Ohr flüstert. Ich denke, anhand dieses Beispiels wisst ihr nun, was zu beachten ist.

Tipp: Nur die Antworten auszuarbeiten bringt euch natürlich nicht weiter. Ihr müsst sie in euren Alltag integrieren und bei Bedarf anpassen oder erweitern! Je mehr diese Dinge umgesetzt werden, umso mehr wird sich euer Liebestank füllen.

Priorität: ________________

Geplante Umsetzung: ________________

☐ Erledigt am: ________________

Welche Herausforderungen gab es bei der Beantwortung der Fragen?

____

____

____

Schreibt eure neuen Erkenntnisse auf!

____

____

____

Bringen euch diese Fragen einen entscheidenden Schritt weiter?

24. Pflanzt einen Baum

Ein Symbol für eure Liebe kann ein Baum sein. Das pflanzen eines Baumes wird bei vielen Hochzeiten nach altem Brauch durchgeführt. Nun müsst ihr dafür aber nicht gleich vor den Traualtar!

In Filmen sind Bäume oft ein heimlicher Treffpunkt für Verliebte. Hier werden Küsse verschenkt und die Namen in die Rinde geritzt. Ein Baum wächst über viele Jahre, wird mit der Zeit stärker und trägt irgendwann die ersten Früchte. Und so soll es sicher auch mit eurer Beziehung sein!

Sucht euch einen passenden Ort aus. Das kann der eigene Garten sein oder ein Treffpunkt, der euch wichtig ist. Vielleicht im Wald an der Lichtung, wo der erste Kuss gefallen ist oder auf dem großen Grundstück der Eltern, welches ihr später übernehmen wollt. Dann wählt ihr einen Baum. Kümmert euch gut um ihn, genau wie ihr euch um eure Beziehung kümmern müsst! Wer weiß, vielleicht klettern später einmal die eigenen Kinder daran hoch.

Tipp: Wenn ihr mit einem Baum nur wenige Emotionen verbinden könnt, dann sucht euch eine andere Pflanze aus. Auch langlebige Zimmerpflanzen sind möglich.

Priorität: ____________________

Geplante Umsetzung: ____________________

☐ Erledigt am: ____________________

Für welchen Baum (alternativ Pflanze) habt ihr euch entschieden und warum?

____

____

____

Was bringt ihr persönlich damit in Verbindung?

____

____

____

Stellt euch den Baum in 5, 10 und 20 Jahren vor. Was seht ihr? Was passiert um ihn herum?

____

____

____

25. Eine lange Saunanacht

Besonders in der kälteren Jahreszeit ist Saunieren sehr angenehm und wirkt sich positiv auf Gesundheit und Wohlbefinden aus! Das Schwitzen reinigt euren Körper von Giftstoffen, das körpereigene Immunsystem wird gestärkt und euer Stoffwechsel wird angeregt. Außerdem verbessert sich eure Kondition mit jedem Saunagang, denn der Körper lernt sich mit jedem Mal besser auf die wechselnden Hitze-Kälte-Reize einzustellen. Also wird auch euer Herz-Kreislauf-System positiv beeinflusst und trainiert. In Kombination mit Sport kann Saunieren ebenfalls positive Auswirkungen haben und die Regeneration der Muskulatur fördern.

Viele Saunalandschaften bieten regelmäßig lange Saunanächte an. Hier kann man sich viel Zeit nehmen und bis in die Nachtstunden die Saunen und Wellnessangebote nutzen. Das Essen ist bei den meisten Anbietern frisch und gesund. Es gibt auch leckere frisch gepresste Säfte und Smoothies!

Jede Sauna bietet einen anderen Aufguss und eine andere Temperatur. Wenn ihr keine regelmäßigen Saunagänger seid, dann tastet euch langsam heran und übertreibt es nicht gleich. Der Kreislauf wird hier sehr gefordert und ihr benötigt Erholungspausen!

Tipp: Einige Anbieter besitzen Übernachtungsmöglichkeiten, zum Beispiel in einem Schäferwagen. Damit könnt ihr den Abend ganz gemütlich und romantisch ausklingen lassen – am nächsten Morgen erwartet euch dann ein ausgiebiges Frühstücks Buffett!

Priorität: ______________________

Geplante Umsetzung: ______________________

☐ Erledigt am: ______________________

Wie hat euch die Saunanacht gefallen?

____

____

____

Welche Saunen habt ihr genutzt? Welche davon war euer Favorit und warum?

____

____

____

Hattet ihr interessante Gespräche? An welche Details könnt ihr euch erinnern?

26. Fitness-Challenge

Da ich auch Personal Training anbiete, darf eine weitere sportliche Herausforderung nicht fehlen! Diesmal sollt ihr 30 Tage lang durchhalten und eure Fitness steigern!

Sucht euch eine Übung heraus, die ihr beide bereits sauber durchführen könnt, aber dennoch anstrengend ist. Das kann sowohl eine statische als auch eine dynamische Übung sein. Als statische Übung bietet sich hier die „Plank“ an. Dynamische Übungen können Liegestütze oder Kniebeuge sein.

Nun nehmt ihr euch einen Kalender zur Hand und tragt euch jeden Tag ein Ziel für diese Übung ein, steigert euch dabei regelmäßig! Ihr dürft in dieser Zeit nur 4 freie Tage verplanen, zum Beispiel Tag 6, 13, 19 und 26. Das Ziel an Tag 30 legt ihr selbst fest, ihr solltet es aktuell nicht erreichen können! Das kann zum Beispiel so aussehen:

<u>Statisch</u>:

Tag 1/2: 20 Sek. – Tag 3/4: 30 Sek. – Tag 5: 40 Sek. – Tag 6: Pause … Tag 30: 300 Sek.

Dynamisch:

Tag 1/2: 3 Wdh. – Tag 3/4: 4 Wdh. – Tag 5: 5 Wdh. – Tag 6: Pause … Tag 30: 40 Wdh.

Tipp: Die „Plank“ trainiert euren ganzen Körper. Schaut euch für die richtige Ausführung Videos dazu im Netz an. Ihr könnt auch mehrere Challenges parallel oder nacheinander starten – je mehr Übungen ihr nutzt, umso fitter werdet ihr!

Priorität: ____________________

Geplante Umsetzung: ____________________

☐ Erledigt am: ____________________

Für welche Übung(en) habt ihr euch entschieden und warum?

____

____

____

Seid ihr an eure Grenzen gestoßen? Habt ihr euren inneren Schweinehund bezwungen?

____

____

____

Welche weiteren Übungen und Challenges wollt ihr noch starten? Wann geht´s los?

27. Ein Urlaub mit Tauchgang

Super Wetter, angenehme Wassertemperaturen, eine vielfältige Unterwasserwelt und farbenfrohe Korallenriffe laden zum Tauchgang ein!

In Urlaubsregionen, wie Ägypten, Thailand oder den Malediven werden Schnuppertauchgänge und Tauchkurse angeboten. Hier herrschen optimale Bedingungen, um das Tauchen mit viel Spaß zu lernen.

Ihr solltet unbedingt erst an einem Schnuppertauchen teilnehmen! Damit bekommt ihr die Gewissheit, dass ihr mit dem Atmen unter Wasser durch die Lungenautomaten zurechtkommt und keine Probleme mit dem Druckausgleich und Abtauchen habt. Oftmals kann man sich diesen ersten Tauchgang für den Tauchschein später mit anrechnen lassen.

Wenn ihr mehr als nur das Schnuppertauchen machen wollt, könnt ihr während eures Urlaubs in 4 bis 5 Tagen euren Tauchschein machen. Optimal wären direkt im Anschluss noch ein paar Praxistauchgänge, um die neuen Kenntnisse zu festigen und weitere Taucherfahrung sammeln zu können.

Voraussetzung ist eine intakte Gesundheit und gute Fitness. Bei einem Facharzt könnt ihr eine tauchsportärztliche Untersuchung durchführen lassen - das ist aber keine Pflicht.

Tipp: Ihr könnt euren Tauchschein natürlich auch in der Region bei lizenzierten Tauchschulen absolvieren und in einer passenden Urlaubsregion dann direkt loslegen! Der Tauchschein ist eine weltweit anerkannte und gültige Urkunde für Gerätetaucher.

Priorität: ____________________

Geplante Umsetzung: ____________________

☐ Erledigt am: ____________________

Wie habt ihr den Tauchgang erlebt? Investiert ihr in einen Tauchschein? Warum (nicht)?

____

____

____

Wo habt ihr diese Erfahrung gemacht und was habt ihr unter Wasser entdeckt?

____

____

____

Falls ihr euren Tauchschein macht, in welchen Regionen wollt ihr ihn nutzen und warum?

28. Klettern oder Bouldern

Der Drang auf irgendetwas hochzuklettern wurde uns bereits als Kind in die Wiege gelegt! Ihr dürft zwischen Klettern und Bouldern wählen. Bei beiden Sportarten wird euer Körper gefordert und der Spaß an der Bewegung und natürlich einer gemeinsamen Aktivität steht im Vordergrund. Ihr werdet eure Komfortzone verlassen und euer Körpergefühl als auch die Konzentrationsfähigkeit verbessern.

Was ist Bouldern genau und wie unterscheidet es sich zum Klettern? Bouldern ist eine Form des Kletterns, bei der ohne Gurt und Seil geklettert wird – in Absprunghöhe! Anfänger können bei diesem Sport sofort und unkompliziert starten. Es müssen keine kniffligen Sicherungstechniken erlernt werden. Man muss sich auch nicht gegenseitig absichern – somit ist kein Kletterpartner notwendig.

Grundsätzlich eignen sich beide Aktivitäten für alle Altersgruppen. Je komplexer das Level wird, umso mehr Schwierigkeiten kommen auf euch zu. Hier müsst ihr etwas nachdenken und tüfteln, um diese zu meistern und Bewegungsrätsel zu lösen! Die Routen sind mit unterschiedlichen Farben voneinander abgegrenzt. Ihr könnt diesen Sport in einer Kletter- bzw. Boulderhalle oder später in der Natur ausüben. Für den Outdoor- Bereich solltet ihr nur dafür vorgesehene Bereiche nutzen und anfangs einen Trainer hinzuziehen!

Tipp: Wärmt euch wie bei jeder Sportart zu Beginn gut auf! Bringt euren Kreislauf mit Seilspringen, Laufen o. ä. pulssteigernden Aktivitäten in Schwung. Besonders wichtig sind auch die Finger, Arme, Beine und der Rücken. Das beugt Verletzungen vor!

Priorität: ___________________

Geplante Umsetzung: ___________________

☐ Erledigt am: ___________________

Welche der beiden Sportarten habt ihr ausprobiert und warum?

____

____

____

Seid ihr an eure Grenzen gestoßen? Wo lagen eure größten Herausforderungen dabei?

____

____

____

Was habt ihr dabei gelernt? (über den Sport, euren Körper, den Partner, ...)

29. Energie gewinnt

Im Leben besteht alles in irgendeiner Form aus Energie - unser Körper, die Geräusche und Farben um uns herum, unsere Worte und Gedanken, Lebensmittel, die Elemente der Natur und so weiter – alles ist Energie!

Eure Energie beeinflusst euer gesamtes Leben! Mit viel positiver Energie denkt ihr auch positiv und werdet entsprechende Entscheidungen treffen und nach diesen handeln. Mit Energie könnt ihr euch besser verkaufen, einfach überzeugend und authentisch auf euer Umfeld wirken. Eure Energie bestimmt euren Fortschritt in allen Lebensbereichen – auch in eurer Partnerschaft!

Nun zu eurer Aufgabe: Haltet euer Energielevel ganz bewusst für eine komplette Woche so hoch, wie ihr könnt! Konzentriert euch stets auf die positiven Aspekte, in jeder Situation! Wenn ihr ein Problem seht, dann freut euch darüber, denn an Problemen könnt ihr wachsen und besser werden. Lasst euch von Problemen nicht die Energie rauben, sondern nutzt sie als Antrieb. Erstellt eine große To-Do-Liste mit sämtlichen Dingen, die ihr in dieser Zeit schaffen wollt.

Unterstützt euch gegenseitig bei dieser Aufgabe! Wenn der Partner nach einem langen Arbeitstag passiv vor dem Fernseher sitzt, dann schaltet diesen aus und unternehmt zusammen aktiv etwas – vielleicht auch eine Idee aus diesem Buch! Nutzt eure gemeinsame Zeit und verfolgt eure To-Do-Liste bzw. Ziele mit einem hohen Energielevel. Nur dann werdet ihr sie erreichen.

Tipp: Überlegt euch, was eurem Körper Energie gibt und nutzt das in Situationen, in denen ihr euch müde, kraftlos und deprimiert fühlt. Das können motivierende Songs, ein Tanz, Sport, Spaziergänge, Personen aus eurem Umfeld oder ähnliches sein!

Priorität: ________________

Geplante Umsetzung: ________________

☐ Erledigt am: ________________

Was gibt eurem Körper jederzeit neue Energie?

____

____

____

Welche Herausforderungen hattet ihr in dieser Woche? Seid ihr mit euch zufrieden?

____

____

____

Was habt ihr in dieser Woche alles erledigt bzw. bewältigt? War das mehr als sonst?

30. Trampolin-Park

Spätestens seit der TV-Sendung „Big Bounce“ erfreut sich das Trampolin-Springen immer größerer Beliebtheit. Diese Art der Bewegung macht nicht nur Spaß, sie ist auch für groß und klein geeignet und schont die Gelenke.

Inzwischen gibt es riesige Trampolin-Parks mit den verschiedensten Herausforderungen. Ihr könnt frei nach Lust und Laune springen, einen Hindernisparcours bewältigen oder euch gegenseitig herausfordern und auf zwei gleich aufgebauten Strecken parallel um die Wette springen.

Das Trampolin-Springen hat zahlreiche positive Wirkungen auf unseren Körper - unter anderem wird die Gehirnleistung gesteigert, Stress abgebaut, das Gleichgewicht verbessert und die Fettverbrennung aktiviert. Aus meiner Sicht ist der größte Vorteil der Spaßfaktor – beim Springen werden Glückshormone ausgeschüttet und ihr fühlt euch sofort besser und voller Motivation! Und auch die Muskulatur und Kondition wird bei dieser Aktivität effektiv aufgebaut. Selbst ein Astronaut trainiert mit Trampolin-Sprüngen seinen Körper!

Tipp: Im Netz gibt es viele Videos mit Tutorials für Basissprünge, wie Rückwärts-, Seitwärts- und Vorwärtssalto. Erst wenn ihr diese beherrscht, solltet ihr weitere fortgeschrittene Tricks probieren. Steigert euch langsam und senkt die Unfallgefahr!

Priorität: ___________________

Geplante Umsetzung: ___________________

☐ Erledigt am: ___________________

Wie hat euch das Trampolin-Springen gefallen? Was waren eure Highlights?

____

____

____

Wurde euer Körper sehr beansprucht? Gab es Muskelkater?

____

____

____

Welche Herausforderungen habt ihr bewältigt? Wo seid ihr an eure Grenzen gestoßen?

____

____

31. Räucherkerzen selbst herstellen

Wollt ihr für das kommende Weihnachtsfest etwas ganz Besonderes? Dann stellt eure eigenen Räucherkerzen in echter Handarbeit her! Ihr könnt sie selbst nutzen oder liebevoll verpacken und eure Liebsten beschenken.

Doch bis ihr das Feuerzeug benötigt, müssen noch einige Schritte zur Herstellung eurer eigenen Räucherkerzen unternommen werden. Also schnell die Schürze anlegen und erstmal einen Teig aus gemahlener Holzkohle und gekochter Kartoffelstärke kneten. Anschließend kreiert ihr eure eigenen Düfte aus natürlichen Duftstoffen, wie Zimt, Sandelholz, Tannenduft, Weihrauchharz, Lavendelblüten und noch vielen weiteren Zutaten. Dann formt ihr daraus die typischen Kegel und lasst diese aushärten.
Sollte euch jetzt noch ein passendes Räuchermännchen oder –haus fehlen, dann habt ihr gleich einen guten Grund, den nächsten Weihnachtsmärkten einen Besuch abzustatten! Eure Räucherkerzen haben nicht die Standardgröße? Dann nehmt möglichst ein Referenzobjekt mit zum Testen.

Tipp: Ihr könnt Räucherkerzen Zuhause selbst herstellen, dafür gibt es Anleitungen im Netz. Alternativ bieten das verschiedene Manufakturen an – vereinbart aber rechtzeitig einen Termin, denn besonders zur Vorweihnachtszeit sind diese schnell ausgebucht.

Priorität: ____________________

Geplante Umsetzung: ____________________

☐ Erledigt am: ____________________

Sind euch die Räucherkerzen gelungen? Welche Duftnoten habt ihr kreiert?

____

____

____

Was habt ihr dabei gelernt? Gibt es besondere Erinnerungen?

____

____

____

Werdet ihr einen Teil der Räucherkerzen verschenken? An welche Personen habt ihr dabei gedacht?

____

____

32. Nutzt eure Zeit

Die Zeit ist in meiner Wahrnehmung unser größter Vermögens-wert gleich nach der Gesundheit. Zeit ist für jeden von uns begrenzt, also sollten wir sie so sinnvoll wie möglich nutzen! Die meisten Menschen erzählen sich jeden Tag Geschichten – eine davon lautet „Ich habe keine Zeit!“. Dabei haben wir alle am Tag 24 Stunden zur Verfügung. Die meisten leben in den Tag hinein, arbeiten für andere, erledigen die notwendigen Dinge des Alltags und haben am Monatsende eigentlich nichts erreicht. Und andere wiederum bauen in dieser Zeit ganze Imperien auf!

Wenn ihr keine Zeit für eine Sache habt, dann verwendet ihr diese Zeit auf andere Art und Weise. Das bedeutet, ihr gebt dieser anderen Tätigkeit eine höhere Priorität. Lasst diese Zeilen kurz auf euch wirken. Das bedeutet also: Wenn ihr eurem Partner, den Eltern, Geschwistern oder Freunden das nächste Mal eine Absage erteilt, dann stehen sie für euch an zweiter Stelle und sind weniger wichtig!

Nun zu eurer gemeinsamen Herausforderung: Nehmt euch eine Woche lang jeden Tag 1 Stunde eurer Zeit und lasst den vergangenen Tag review passieren. Was habt ihr erreicht? Wofür fehlte euch noch Zeit? Welche Tätigkeiten wurden durchgeführt, haben aber auf euer späteres Wunschleben keinen Einfluss? Diskutiert zusammen, welche Schritte ihr als nächstes gehen müsst, um euren größten Zielen wieder ein Stück näher zu kommen. Erstellt anschließend für den kommenden Tag eine To-Do-Liste und gebt jedem Punkt eine Priorität! Dann geht es schnellstmöglich an die Umsetzung.

Tipp: Fragt euch zu jeder Zeit: „Bringt mich das, was ich gerade tue, in meinem Leben weiter?“ – besonders in den Lebensbereichen Gesundheit, Beziehungen und Finanzen. Die größten Zeitverbrennungsmaschinen sind übrigens der TV und das Smartphone!

Priorität: ____________________

Geplante Umsetzung: ____________________

☐ Erledigt am: ____________________

Was sind bzw. waren die wichtigsten Punkte auf eurer To-Do-Liste?

____

____

____

Was konntet ihr bisher umsetzen und was nicht? Falls „Alles“ waren es zu wenig Punkte!

____

____

____

Seid ihr in dieser Woche schneller vorwärts gekommen als normalerweise? Warum (nicht)?

____

____

____

33. Quad fahren

Ihr setzt euch auf ein motorisiertes und offenes Fahrzeug mit vier richtig dicken Reifen und Allrad-Antrieb. Nun düst ihr über freies Gelände, überwindet Stock und Stein und erhaltet maximalen Fahrspaß! Bei einer Quadtour ist Action, Spaß und ein Gefühl von Freiheit garantiert.

Damit ihr euch erst einmal an die Bedienung und das Fahren mit einem Quad gewöhnen könnt, werden verschiedene Schnuppertouren angeboten. Dort erhaltet ihr eine Einweisung und Begleitung von erfahrenen Tourguides, die euch bei Bedarf auch Hilfestellung geben. Das ist optimal, um erste Erfahrungen mit diesen Fahrzeugen sammeln zu können.

Später sind Touren für Einsteiger ohne Begleitung möglich. Und natürlich ist auch eine Fahrt mit eurem Schatz als Beifahrer eine Option! Des Weiteren werden geführte Erlebnis-Touren angeboten und ihr könnt euch Quads auch für einen Kurzurlaub oder Städtetrip mieten. Genießt dabei die wunderschöne Landschaft und Natur. Aber Vorsicht! Quads dürfen trotz ihrer geländefähigen Bauart nur auf öffentlichen Straßen und privaten

Grundstücken fahren – die Nutzung von Forstwegen und der freien Natur ist untersagt.

Tipp: Solltet ihr auf privatem Gelände fahren, wie es einige Anbieter für Freizeitaktivitäten anbieten, benötigt ihr keinen Führerschein. Eine spezielle Fahrerlaubnis für Quads existiert nicht. Je nach Bauart und Höchstgeschwindigkeit benötigt man im öffentlichen Straßenverkehr die Klassen AM, L oder B.

Priorität: ____________________
Geplante Umsetzung: ____________________
☐ Erledigt am: ____________________

Wie hat euch das Fahren mit einem Quad gefallen?

____

____

____

Was waren dabei eure größten Herausforderungen und Erkenntnisse?

____

____

____

Gab es magische Momente, die ihr dabei erlebt habt? Schreibt eure persönlichen Highlights dazu!

34. Eine neue Ernährungsform testen

Vegetarisch, Vegan, Paleo, Low Carb, Vollwert, Rohkost, Trennkost, und so weiter und so weiter! Heutzutage gibt es in Sachen Ernährung nichts, was es nicht gibt. Wir bekommen gefühlt jeden Tag eine neue Ernährungsform durch die Medien und Ernährungs-Gurus präsentiert – und immer wird uns erneut der „Heilige Gral“ versprochen, mit dem wir uns noch gesünder, besser und fitter fühlen werden.

Nun sollt ihr eine euch bisher unbekannte Ernährungsform auswählen und diese eine ganze Woche lang durchziehen! Achtet dabei auf eventuell vorhandene Unverträglichkeiten und Allergien. Verschafft euch einen Überblick über die Möglichkeiten, entscheidet euch für eine und sucht passende Rezepte im Netz heraus. Tragt euch die Mahlzeiten am besten in einen Kalender ein, damit ihr die Zubereitung besser planen könnt.
Geht zusammen einkaufen und sucht alle notwendigen Lebensmittel zusammen. Vielleicht stoßt ihr dabei auf Zutaten, die ihr noch nie bewusst wahrgenommen und/oder gegessen habt. Probiert gern auch neue Kräuter und Gewürze aus!

Tipp: Oft nutzt man nur wenige Rezepte aus endlos langen Büchern. Ihr seid von einem Rezept begeistert? Dann schreibt die Anleitung schnell in euer eigenes Rezeptbuch mit euren Lieblingsspeisen ein! Blanko-Bücher gibt es zahlreiche im Netz.

Priorität: ____________________

Geplante Umsetzung: ____________________

☐ Erledigt am: ____________________

Für welche Ernährungsform habt ihr euch entschieden und warum?

____

____

____

Was waren dabei eure größten Herausforderungen und Erkenntnisse?

____

____

____

Welches war euer absolutes Lieblingsgericht? Schreibt alle Zutaten auf und wie es zubereitet wird!

35. Hausarbeit tauschen

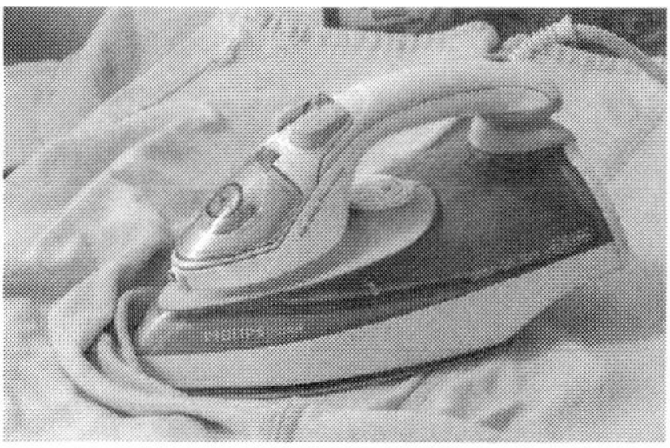

Bringt bei euch der Mann den Müll raus und bedient den Staubsauger, während die Frau sich ganz klassisch um die Wäsche und das Essen kümmert? Perfekt! Dann dürft ihr nun für einen Monat diese fest zugeordneten Aufgaben tauschen.

Überlegt euch erst einmal ganz genau, welche Tätigkeiten ihr regelmäßig im Haushalt erledigen müsst und wer von euch beiden diese normalerweise umsetzt. Nun könnt ihr beginnen und erledigt die kommenden Wochen genau die Arbeiten, für die sonst immer der Partner zuständig ist.

Diese kleinen Dinge werden in den meisten Beziehungen als selbstverständlich angesehen. Es wird halt einfach so gemacht, denn es wurde schon immer so gemacht und gehört nun mal dazu. Ihr werdet den tatsächlichen Aufwand hinter jeder Aufgabe erkennen und den Partner damit umso mehr wertschätzen. Und wenn die Frau bisher 80% dieser Tätigkeiten erledigt hat, erkennt man dabei eventuell, dass er hier Arbeit abnehmen darf bzw. nach der Arbeit nicht meckern sollte, weil das Essen noch nicht auf dem Tisch steht!

Tipp: Gebt euch gegenseitig Tipps für die Erledigung bestimmter Aufgaben. Eventuell hat der Partner auch eine Idee, wie man bestimmte Dinge einfacher oder besser erledigen kann. Oder vielleicht können bestimmte Arbeiten auch weggelassen bzw. nicht mehr ganz so oft ausgeführt werden? Es ist eure Zeit.

Priorität: ________________

Geplante Umsetzung: ________________

☐ Erledigt am: ________________

Was habt ihr gelernt? Welche Herausforderungen und Aha!-Momente gab es?

____

____

____

Wollt ihr an eurer Aufgabenverteilung etwas ändern? Was genau?

____

____

____

Schreibt auf, was ihr an eurem Partner zu diesem Thema am meisten schätzt!

36. Paintball

Ihr seid Teil eines Teams, tragt einen Markierer gefüllt mit Paintballs bei euch und habt nur ein Ziel: Die Flagge der gegnerischen Mannschaft erobern und diese zu eurem Startpunkt bringen! Das ist Paintball. Was andere nur aus Computerspielen kennen, werdet ihr real erleben!

Eines vorweg: Grundsätzlich ist Paintball nicht gefährlich! Die Anbieter für diese Freizeitaktivität werden euch die notwendige Schutzausrüstung zur Verfügung stellen. Damit wird dieser Sport zu einem sehr spannenden und gleichzeitig sicheren Erlebnis voller Spaß, Action, Spannung und Adrenalin!

Ihr müsst euch konzentrieren, zusammenarbeiten und eine Taktik erarbeiten.

Veranstaltet wird Paintball auf unterschiedlichsten Spielfeldern auf dafür bestimmtem „umfriedeten“ Gelände. Wie bereits erwähnt, treten zwei Teams gegeneinander an und bekommen eine Aufgabe, wie das erobern einer Flagge. Mit dem Markierer könnt ihr die Paintballs mit Druckluft auf andere Teilnehmer schießen – jeder markierte Teilnehmer scheidet aus der aktuellen

Spielrunde aus, egal wo er getroffen wurde. Als markiert gilt ein Spieler, wenn ein Paintball an seinem Körper oder der Ausrüstung zerplatzt. Für die Einhaltung der Regeln sind Schiedsrichter, sogenannte „Marshalls", anwesend.

Tipp: **Neben dem vorgeschriebenen Gesichtsschutz sind Hand-, Knie- und Schienbeinschoner eine Empfehlung wert. Das Mindestalter liegt bei 18 Jahren.**

Priorität: ____________________

Geplante Umsetzung: ____________________

☐ Erledigt am: ____________________

Wie hat es euch gefallen?

____

____

____

Was waren eure größten Herausforderungen und Highlights?

____

____

____

Was habt ihr dabei gelernt?

____

____

37. Kleidet euch gegenseitig ein

Eine Shopping-Tour mal anders. Geht zusammen in ein Modegeschäft eurer Wahl und legt einen Treffpunkt und Uhrzeit fest – am besten bei den Umkleidekabinen etwa 15 bis 20 Minuten später. Nun geht die Frau in die Herrenabteilung und der Mann in die Damenabteilung. Bis ihr euch wieder an eurem vereinbarten Platz trefft, sucht ihr nun für den Partner jeweils ein Outfit heraus! Denkt dabei aber nicht an die Gewohnheiten und Vorlieben eures Partners, sondern wie ihr ihn (ausnahmsweise) sehen wollt. Alle Klamotten sind erlaubt, natürlich auch Unterwäsche.

Die ausgewählten Sachen werden dann ohne Diskussion anprobiert. Wechselt euch dabei ab, damit der andere notfalls ein Kleidungsstück bezüglich Größe oder Farbe austauschen kann. Wenn ihr fertig umgezogen seid, präsentiert ihr eurem Partner voller Selbstbewusstsein das Endergebnis und achtet dabei genau auf seine Reaktion – das kann sehr spannend sein! Schließlich hat man sich dazu im Vorfeld Gedanken gemacht und ein Bild im Kopf entwickelt, wie es aussehen könnte.

Das wiederholt ihr nach Lust und Laune ruhig mehrmals und am besten mit komplett unterschiedlichen Kleidungsstücken, Schnitten, Stoffen und Farben. Seid kreativ und lernt euren Partner optisch von einer ganz anderen Seite kennen! Vielleicht findet ihr auch beide Gefallen an dem einen oder anderen Teil und nehmt es dann tatsächlich mit nach Hause.

Tipp: Ihr habt ein außergewöhnliches Outfit für euren Partner gefunden? Dann macht doch ein Foto als Erinnerung – wer weiß, ob ihr ihn so jemals wieder sehen werdet!

Priorität: ____________________

Geplante Umsetzung: ____________________

☐ Erledigt am: ____________________

Wie haben euch die Klamotten gefallen, die ihr euch gegenseitig ausgesucht habt?

____

____

____

Haben diese zu eurem Stil gepasst? Falls nein, wären sie dennoch eine Alternative für bestimmte Tage und Anlässe?

____

____

____

Warum habt ihr genau diese Sachen ausgewählt?

38. Ein Straußenei essen

Bei dieser Idee werdet nicht nur ihr euch freuen – denn ein Straußenei entspricht etwa 24 Hühnereiern. Also ladet schonmal ein paar Gäste für ein leckeres Omelette oder Rührei ein!

Aber halt, so weit sind wir noch lange nicht! Eure erste Herausforderung besteht darin, ein solches Ei als auch das notwendige Werkzeug zum Öffnen zu beschaffen. Dafür gibt es Anbieter in der Region als auch im Netz, meist Straußenfarmen. Straußeneier besitzen eine sehr harte Schale und können auch per Post versendet werden. Wenn ihr die Schale später noch verwenden wollt, benötigt ihr zum Öffnen eine Bohrmaschine mit beispielsweise einem 8 mm Holzbohrer.
Markiert die oberste Stelle mit einem Kreuz. Eine Person hält das Ei mit der Spitze nach oben und die zweite Person bohrt langsam und vorsichtlich ein Loch hinein – nicht zu viel Druck ausüben, sonst entstehen Risse. Anschließend steckt ihr einen Strohhalm hinein, dreht das Straußenei um und pustet Luft in das Ei. Dadurch wird das Eiklar und Dotter aus dem Loch gedrückt – die Schale darunter sollte nicht zu klein sein. Hier ist Ausdauer als auch Lungenvolumen gefragt!

Im Netz und bei den meisten Anbietern gibt es dazu auch eine detaillierte Anleitung. Die Zubereitung kann wie mit Hühnereiern erfolgen. Lasst es euch schmecken!

Tipp: Die Schale kann bemalt oder mit Serviettentechnik beklebt werden. Ihr könnt daraus eine Lampe basteln oder sie zu Ostern als Deko verwenden.

Priorität: ____________________

Geplante Umsetzung: ____________________

☐ Erledigt am: ____________________

Schreibt als erstes die Personen auf, die ihr unbedingt zu dieser Mahlzeit einladen wollt!

____

____

____

Welche Herausforderungen hattet ihr, bis das Essen fertig war?

____

____

____

Was waren eure schönsten Momente dabei? Habt ihr neue Erkenntnisse gewonnen?

39. Ein Musical-Besuch

Begebt euch auf eine Reise voller Fantasie, Emotionen und Energie. Bei einem Musical werdet ihr einen ganz besonderen Abend erleben! Ihr erfahrt Gesang, Tanz, Schauspiel und Musik in einem durchgängigen Handlungsrahmen.

Wenn ich an unseren letzten Aufenthalt in Hamburg zum Musical „Disneys Der König der Löwen“ denke, bekomme ich jetzt noch Gänsehaut. Die gesamte Umgebung, die Darsteller in den opulenten Kostümen, bekannte und emotionale Musikstücke und zauberhafte Choreografien entführen euch in eine andere Welt.

Thematisch wird eine immer breitere Fülle von humorvollen als auch tragischen Inhalten behandelt. Aber auch gesellschaftlich oder politisch sensible Themen spielen eine Rolle. Musikalisch ist das Spektrum ebenfalls breit aufgestellt und bietet von Popmusik über Jazz, Swing, Rock´n´Roll und Soul bis hin zu Tanz- und Unterhaltungsmusik für jeden Geschmack etwas an.
Vor und nach der Veranstaltung als auch in den Pausen werden vom Anbieter Getränke und kleine Speisen angeboten. Diese sollten jedoch nicht während der Aufführung verzehrt werden.

Tipp: Für einen Musical-Besuch gibt es keinen formalen Dresscode. Ihr liegt sowohl mit Anzug und Abendkleid als auch mit legerer Kleidung und einem Hauch von Eleganz genau richtig. Nur die alte, löchrige Jeans oder Jogging Hose passt eher nicht.

Priorität: ____________________

Geplante Umsetzung: ____________________

☐ Erledigt am: ____________________

Für welches Musical habt ihr euch entschieden und warum?

____

____

____

Wie hat es euch gefallen und was waren eure Highlights?

____

____

____

Gibt es weitere Veranstaltungen, die ihr besuchen wollt? Welche?

____

____

40. Eine Radtour

Erkundet die Gegend bei einem Ausflug mit dem Rad und lernt dabei verschiedene Gebiete und Landschaften kennen.

Wenn ihr eure Tour selbst plant und organisiert, seid ihr sehr flexibel und könnt kurzfristig starten. Sollte das Wetter doch noch umschlagen, wird der Ausflug spontan auf das nächste Wochenende verlegt. Wenn ihr eine mehrtägige Tour durchführen wollt, könnt ihr euch die Unterkunft nach eigenen Vorlieben und Budget selbst auswählen.

Es werden auch geführte Radreisen angeboten, die ihr mit wenig Vorbereitung über mehrere Tage buchen könnt – hier übernimmt der Reiseveranstalter die Organisation. Das lassen sich die Anbieter natürlich gut bezahlen und ihr müsst die gewünschte Tour rechtzeitig buchen. Dennoch können Reiseführer sinnvoll sein, denn sie kennen die Route und stehen mit Rat und Tat zur Seite. Lernt außerdem interessante Menschen kennen, die ebenfalls am Ausflug teilnehmen.

Tipp: Im Netz gibt es zahlreiche Anregungen für Radwege mit benötigter Zeit und Schwierigkeitsgrad. Meist befinden sich ein paar davon schon direkt vor der eigenen Haustür, sodass ihr euch die Anfahrt mit Bus, Bahn oder Auto sparen könnt.

Priorität: ____________________

Geplante Umsetzung: ____________________

☐ Erledigt am: ____________________

Habt ihr eure Tour selbst organisiert oder einen geführten Ausflug gebucht? Wie sah eure Vorbereitung dafür aus?

____

____

____

Gab es neue Herausforderungen und Erkenntnisse für euch? Welche?

____

____

____

Wie sah die Tour aus? Was waren eure schönsten Momente dabei?

41. Wildlife-Safari

Entdeckt die scheinbar endlose Wildnis, eine faszinierende Tierwelt und das Gefühl von Freiheit hautnah! Eine Safari ist einzigartig und einmalig – ihr werdet euer eigenes Abenteuer zwischen Giraffen, Zebras, Elefanten und vielem mehr erleben. Dabei könnt ihr sowohl zu Fuß als auch per Jeep, Boot oder Pferd reisen. Klassische Safari Länder befinden sich zum Beispiel im östlichen und südlichen Afrika und in Australien.

Die Vorbereitung für ein solches Erlebnis ist das A und O. Ihr müsst ein für euch passendes Reiseziel auswählen – landschaftliche Reize eines Landes, klimatische Unterschiede und Safari Möglichkeiten spielen hier eine Rolle. In einigen Gebieten könnt ihr die Natur sehr authentisch erleben und andere wurden bereits für regelmäßigen Touren mit Besuchern angepasst.
Informiert euch rechtzeitig bei eurem Hausarzt oder Spezialisten für Reisemedizin über notwendige Impfungen! Ihr solltet euch Kenntnisse zu möglichen (tropischen) Krankheiten aneignen und unbedingt euren Impfpass bei euch tragen! Zur Vorbeugung vor Insektenstichen eignen sich Insektenschutzmittel,

langärmelige Kleidung und Moskitonetze über dem Bett. Stellt euch eine auf das Zielgebiet abgestimmte Hausapotheke zusammen und informiert euch über die medizinische Versorgung vor Ort.

Tipp: Je nach Gebiet und Klima solltet ihr Regen- und Trockenzeiten beachten. In Regenzeiten sind die Ausflüge günstiger, aber die Straßenverhältnisse schlecht und viele Einrichtungen bleiben dann geschlossen. Zu Trockenzeiten versammeln sich die Tiere an den wenigen Wasserlöchern, wodurch Beobachtungen gut möglich sind.

Priorität: ________________

Geplante Umsetzung: ________________

☐ Erledigt am: ________________

Wohin seid ihr gereist und warum?

____

____

____

Was waren eure schönsten Momente und Erlebnisse?

____

____

____

Welche Herausforderungen musstet ihr meistern?

42. Kurztrip nach Amsterdam

Unternehmt einen (Kurz-)Trip oder eine Städtereise in die bezaubernde holländische Metropole Amsterdam. Die Stadt ist sehr abwechslungsreich und kompakt, sodass ihr in kurzer Zeit sehr viel erleben könnt!
Und mit einem Fahrrad kommt ihr sehr schnell zu den beliebtesten Ausflugszielen.

Entdeckt viele tolle Sehenswürdigkeiten, Plätze und Museen dieser Grachtenstadt. Einen ersten Überblick könnt ihr euch mit einer Grachtenfahrt verschaffen. Lernt die Stadt von ihrer schönsten Seite kennen und lasst euch inspirieren. Zwei der eindrucksvollsten Museen sind das Rijksmuseum und das Van-Gogh-Museum. Das Anne-Frank-Haus erzählt euch einiges über die Geschichte des jüdischen Mädchens Anne, das sich während der grausamen NS-Zeit hier versteckt hielt und Tagebuch schrieb. Und auch das Rotlichtviertel und die bekannten Coffeeshops, wie das Bulldog, haben mittlerweile echten Kultstatus erreicht.

Im Grachtengürtel der Stadt findet ihr zahlreiche Boutiquen und Shoppingcenter. Auf den Straßen bieten lokale Händler zum Beispiel auf dem Bloemenmarkt ihre vielfältigen Waren zu günstigen Preisen an. Für eine kurze Pause mit Kaffee und Kuchen bieten sich Cafés, wie das Hard Rock Café mitten im Zentrum, an. Auch das Nachtleben der Stadt hat einiges zu bieten – kleine Clubs und Bars bis hin zu großen Discotheken bieten Party bis in die Morgenstunden.

Tipp: Wenn ihr euer Rad an einem der vorgesehenen Plätze abstellt, wo sich hunderte weiterer Fahrräder befinden, dann markiert es zum Beispiel mit einem Prospekt.

Priorität: ____________________

Geplante Umsetzung: ____________________

☐ Erledigt am: ____________________

Was wollt(et) ihr in Amsterdam unbedingt erleben und warum?

____

____

____

Gab es Schwierigkeiten, an denen ihr gewachsen seid? Welche?

____

____

____

Was waren eure schönsten Momente und neuen Erkenntnisse dabei?

43. Camping

Ein Urlaub im Zelt ist nicht nur vergleichsweise günstig, sondern kann auch sehr erholsam sein und Spaß machen. Ihr werdet dabei einiges über euch lernen und feststellen, wie selbstverständlich für uns Strom, fließendes Wasser, ein voller Kühlschrank und eine wärmende Heizung sind – und was ihr alternativ tun könnt!

Doch bevor es richtig losgeht, müssen ein paar Vorbereitungen getroffen werden. Ihr benötigt ein passendes und wasserfestes Zelt – nehmt für zwei Personen allerdings kein Zelt, welches für zwei Personen ausgelegt ist! Diese Zelte sind für normal ausgewachsene Menschen zu eng für einen längeren und gemütlichen Aufenthalt und sorgen für Chaos und unnötige Diskussionen. Des Weiteren benötigt ihr unbedingt Schlafsäcke, Campinggeschirr, Töpfe oder Pfannen, Isomatten, Decken und eine gut funktionierende Taschenlampe. Erstellt euch am besten eine Checkliste, damit ihr nichts vergesst.

Sucht euch einen Urlaubsort heraus und informiert euch über Anbieter für Campingplätze. Diese Plätze besitzen in der Regel auch Kochstellen für Lagerfeuer und Grills.

Im Zelt wird natürlich kein Feuer gemacht, das ist viel zu gefährlich! Und sollte das Wetter einmal schlechter sein, helfen euch Gesellschaftsspiele dabei, die Zeit mit Spaß zu überbrücken – vielleicht habt ihr sympathische Nachbarn, die ihr dazu einladen wollt!

Tipp: Schuhe aus im Zelt! Achtet von Anfang an auf absolutes Schuhverbot in eurer Unterkunft. Wenn Sand und Dreck zwischen Klamotten, Schlafsack und Kopfkissen liegen, wird es ungemütlich und so schnell bekommt ihr es nicht mehr sauber.

Priorität: ____________________

Geplante Umsetzung: ____________________

☐ Erledigt am: ____________________

Für welchen Ort habt ihr euch entschieden und warum?

____

____

____

Welche neuen Erfahrungen habt ihr bei eurem Campingausflug gemacht?

____

____

____

Was waren eure größten Herausforderungen und was habt ihr dabei gelernt?

44. Geheimnisvolle Muffins

Kuchen können wunderschöne Desserts und zugleich kleine Überraschungen sein. Gerade bei Muffins entdeckt man das Innere erst mit den Geschmacksnerven und danach mit den Augen.

Geheime Füllungen können für Spannung und Neugierde sorgen. In der Regel werden Schokostückchen, bunte Schokolinsen, Fruchtgummi, Nüsse, Obst oder süße Cremes verwendet. Der Teig kann mehrfarbig gestaltet werden und aus verschiedenen Schichten bestehen. Verzierungen und kleine (versteckte) Botschaften runden das Gesamtbild ab.

Also backt eurem Schatz kleine Kuchen mit mindestens drei verschiedenen Füllungen. Der Partner liebt vielleicht Marzipan, hat aber noch nie einen Muffin mit Marzipanfüllung gegessen? Perfekt! Natürlich könnt ihr da auch ganz ausgefallene Varianten zaubern – vielleicht ein herzhafter Teig mit integrierter Hackfleisch-Paprika-Füllung? Oder wie wäre es mit Lachs und Spinat? Oder ganz einfach Wurst und Käse würfeln und mit etwas Senf würzen? Gestaltet die Kuchen möglichst so, dass euer

Partner die Inhalte nicht von außen erkennt.

Tipp: Wenn ihr im Rezept Milch durch Buttermilch ersetzt und statt einem halben Päckchen Backpulver 1 TL Backpulver und 1 TL Natron verwendet, erhaltet ihr supersaftige und luftige Muffins, die auch einfach etwas spritziger schmecken.

Priorität: ____________________

Geplante Umsetzung: ____________________

☐ Erledigt am: ____________________

Notiert euch hier euer Grundrezept für süße als auch herzhafte Muffins!

____

____

____

Welche Varianten habt ihr eurem Partner serviert und warum?

____

____

____

Wie hat euer Partner reagiert?

____

____

45. Ausgiebig Brunchen

Ein reichhaltiges Buffet mit Brötchen und Müsli, Rührei und Bacon, Obst und Gemüse, Käse und Wurst, Suppen und Aufläufen, Saft und Wein … - beim Brunchen wird das Beste aus Frühstück und Mittagessen über mehrere Stunden miteinander vereint.

Sucht euch am besten einen Veranstalter in eurer Nähe und reserviert rechtzeitig einen Tisch. Dann braucht ihr euch um nichts zu kümmern und könnt euch besser auf den Partner konzentrieren. Ein Brunch in den eigenen vier Wänden ist auch möglich, entscheidend ist jedoch die Vielfalt der Elemente – und daher können die Vorbereitung sehr aufwändig und die Kosten ähnlich hoch sein.

Sprecht euch über aktuelle Themen aus. Gibt es spannende Neuigkeiten? Habt ihr neue Herausforderungen (bewältigt)? Was beschäftigt euch gerade? Wollt ihr gern neue Ideen umsetzen, aber seid euch noch unsicher? Was ist für die nächsten Tage und Wochen geplant? Wohin soll es dieses Jahr in den Urlaub gehen? Sind eure langfristigen Ziele noch aktuell und befindet ihr euch auf dem richtigen Weg dahin? Fühlt ihr euch vom gegenüber geliebt oder vermisst ihr etwas in der Beziehung? Hört euch gegenseitig aufmerksam zu und zieht dabei den größtmöglichen Nutzen aus dieser gemeinsamen Zeit.

Tipp: Ein besonderes Geschmackserlebnis bieten Anbieter mit Live-Cooking Stationen an. Hier könnt ihr euch zum Beispiel einen Teller mit verschiedenem Fisch, Fleisch und Gemüse zusammenstellen und vom Personal frisch zubereiten lassen.

Priorität: ____________________

Geplante Umsetzung: ____________________

☐ Erledigt am: ____________________

Welche Themen habt ihr währenddessen besprochen?

____

____

____

Wählt daraus ein für euch wichtiges Thema aus und notiert alle Details, an die ihr euch erinnern könnt! Ich hoffe ihr wart aufmerksam und habt gut zugehört.

____

____

____

Weitere Notizen und Gedankenstützen:

46. Ein ganz besonderes Möbelstück

Zuhause ist es doch am schönsten – und nun wird es noch viel schöner! Baut euch für eure gemeinsame Wohnung ein ganz individuelles Möbelstück. Nun bin ich selbst handwerklich nicht sehr geschickt mit meinen zwei linken Händen. Keine Sorge, im Netz gibt es viele Bauanleitungen, sowohl als Text als auch als Video.

Vielleicht braucht ihr einen neuen Couchtisch oder Balkonmöbel? Dafür eignen sich beispielsweise Holzpaletten. Oder ein Regal aus Obstkisten. Jetzt fehlt noch der passende Farbanstrich. Dazu vielleicht noch eine Ambientebeleuchtung verbauen.

Tipp: Gestaltet dieses Möbelstück so individuell, wie möglich. Eine Holzgravur, etwas Farbe, ein Liebesschloss oder eine integrierte Pinnwand für eure Fotos sind optimal.

Priorität: ____________________
Geplante Umsetzung: ____________________
☐ Erledigt am: ____________________

Welche Möbelstücke habt ihr gebaut und womit?

____

____

____

Seid ihr handwerklich begabt? Was war die größte Herausforderung dabei? Hattet ihr Spaß? Welche Materialien wurden verwendet?

____

____

____

Was haben andere zu eurem Möbelstück gesagt?

____

____

____

47. Menschen und Ihre Geschichten entdecken

Überall auf der Welt bewegen sich die Menschen und sind auf Reisen. Es gibt unzählig viele Gründe für Reisen; gute und schlechte, schöne und ernste Auslöser.

Geht an einen öffentlichen Ort (Bahnhof, Flughafen-Lobby, Innenstadt) und beobachtet gemeinsam die Leute. Macht euch Gedanken über eine Person, zum Beispiel kleine Kinder oder alte Menschen und entwickelt Geschichten über die Menschen, die an euch vorbeigehen, so als ob ihr einen Roman schreibt.

Entdeckt kleine Geheimnisse, spürt die Stimmung einer Person ob traurig oder vergnügt, aufgeregt oder ernst. Vielleicht möchtet ihr sie ansprechen und etwas über ihr Schicksal erfahren.

Tipp: Ein sehr schöner Ort für das Entdecken von Menschen sind Cafés in Großstädten oder Fußgängerzonen. Das Leben ist hier bunt, abwechslungsreich und gibt dem Geist reichlich Nahrung für Spekulationen.

Priorität: ____________________

Geplante Umsetzung: ____________________

☐ Erledigt am: ____________________

Welche Menschen sind euch besonders aufgefallen?

____

____

____

Gibt es spezielle Hintergründe oder Situationen, die ihr den Menschen zugeordnet habt und wenn ja, was waren das für Lebenssituationen.

____

____

____

Habt ihr den Mut gehabt die Menschen anzusprechen? Was hättet/habt ihr gesagt?

48. Kajak fahren

Seekajaks gibt es sowohl für eine Person als auch als Zweierkajak.
Zusammen müsst ihr euch gut beim Steuern und Paddeln abstimmen.

Aber selbst das Ein- und Aussteigen kann eine Herausforderung sein. Versucht mal ohne Kippeln und nass zu werden in das Kajak einzusteigen.

Sobald ihr euren gemeinsamen Rhythmus gefunden habt, könnt ihr dieses tolle Erlebnis, die Natur und Zweisamkeit so richtig genießen.

Kennt ihr eigentlich schon den Unterschied zwischen einem Kajak und einem Kanu? Das Kanu treibt man mit einem Stechpaddel an, was schwieriger ist als mit einem Doppelpaddel. Im Kajak hat man einen Spritzschutz und man sitzt tiefer. Dank der schmalen Form des Kajak ist man schneller und wendiger. Ein Kanu hat dagegen mehr Stauraum.

Tipp: Für eine Fahrt mit dem Kajak sollte das Gewässer ruhig und frei von starken Strömungen sein. Zieht euch möglichst einen Neoprenanzug an, der wirkt isolierend. Solltet ihr doch mal ins Wasser fallen, dann kühlt ihr anschließend nicht so schnell aus. Eine wasserdichte Paddeljacke kann als Spritzschutz dienen.

Eine Schwimmweste ist immer Pflicht!

Priorität: ________________

Geplante Umsetzung: ________________

☐ Erledigt am: ________________

Wie sah eure Kajaktour aus? Wo fand sie statt?

____

____

____

Habt ihr euch für Einzel- oder Zweierkajaks entschieden und seid ihr damit zurecht gekommen?

____

____

____

Was waren dabei eure schönsten Momente, die ihr nie wieder vergessen werdet?

49. In deinen Schuhen stecken

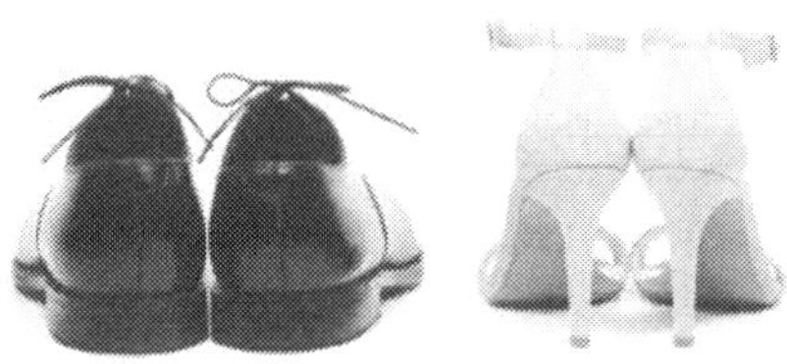

Frauen und Männer tragen meistens ganz unterschiedliche Schuhe. Während zu einem Mann ein paar feste Anzugschuhe, Sneaker oder Boots gehören, werden Frauenfüße nur allzu gerne in hohe Pumps, Sandaletten oder Stiefeln gesehen. Habt ihr euch schon einmal gefragt, was es mit dieser klassischen Rollenverteilung auf sich hat und wie es ist, einmal in den Schuhen des Partners zu stecken?

Versucht doch einmal für einen Abend lang in den Schuhen eures Partners zu verbringen – vielleicht ist dies mehr eine Herausforderung für einen Mann. Versucht, das Leben aus der Perspektive eures Partners zu verstehen. Auch wenn ihr keine Schuhe tauscht, wechselt zumindest die Rollen für den Abend.

Tipp: Es muss nicht immer der HighHeel sein. Versucht auch, die Bewegungen und Gedanken eures Partners ein wenig zu imitieren und zu verstehen, zum Beispiel beim Sitzen auf der Couch. Er sitzt breitbeinig, sie sitzt mit gekreuzten Beinen.

Priorität: ____________________
Geplante Umsetzung: ____________________
☐ Erledigt am: ____________________

Habt ihr tatsächlich Schuhe getauscht und wenn ja, welche?

____

____

____

Welche Situationen waren für euch am spannendsten?

____

____

____

Welche Charakterzüge machen euren Partner aus und was habt ihr Neues entdeckt?

____

____

____

50. Das technikfreie Wochenende

Verpflichtet euch zu einem "technikfreien" Wochenende. Schaltet eure Smartphones, Computer, Fernseher und die Lichter aus. Nutzt eure Phantasie um zu sehen, was ohne Strom noch zu erleben ist.

Hierbei geht es weniger um eine Outdoor-Aktivität selbst, sondern vielmehr um eine Methode, euch nach draußen zu bekommen. Lasst einen Tag lang einfach mal Fernseher, Handy, Kamera und sonstige Technik, die euch ablenken könnten, links liegen.

Bei der Gelegenheit könntet ihr einmal eine neue Joggingstrecke ausprobieren, einen Wanderausflug planen oder euren Stadtteil erkunden. Und wenn nichts mehr geht, dann macht doch eure Steuererklärung.

Tipp: Ohne Strom und Technik geht oft mehr als man denkt. Grübelt ein wenig und spinnt Gedanken, was es zu erleben gibt, ganz ohne Technik. Wie wäre es mit Stöckchenbrot grillen über einem Lagerfeuer?

Priorität: ____________________
Geplante Umsetzung: ____________________
☐ Erledigt am: ____________________

Wohin hat es euch gezogen?

___

___

___

Habt ihr wichtige Erkenntnisse für euer Leben gewinnen können? Was gibt es ohne Technik zu tun?

___

___

___

Weitere Notizen und Gedankenstützen:

___

___

___

51. Gemeinsam Töpfern

Egal, ob du ein Profi bist oder noch nie zuvor Töpfern warst, Keramikkurse oder Workshops sind großartige Veranstaltungen und Hobbies für Paare. Man kann sich prima ergänzen, etwas im Team machen oder getrennt. Werdet kreativ und formt euer ganz individuelles Kunstwerk.

Es macht immer Spaß, dem Partner eine andere Seite zu zeigen und ihr habt beide viel Spaß daran, eine Sammlung von Bechern und Vasen zum Mitnehmen mit euren eigenen Händen herzustellen. Schafft eure ganz persönliche Lieblings-Keramik. Eine Blumenvase, die vielleicht so schief ist, dass sie wie ein Kunstwerk aussieht. Oder einen schönen Teller für das Obst, der euch immer an diesen tollen Töpfer-Kurs erinnern wird.

Tipp: Warum nicht einmal einen Töpfer-Kurs im Urlaub machen? Gerade in südlichen Ländern werden solche Kurse gerne angeboten. Auf www.kreativreisen.de findet ihr spannende Kursangebote für euren nächsten Urlaub.

Priorität: ____________________

Geplante Umsetzung: ____________________

☐ Erledigt am: ____________________

Habt ihr euch gegenseitig motiviert oder jeder für sich modelliert?

____

____

____

Hat euch das Arbeiten mit Ton etwas gelehrt und wenn ja, was war es?

____

____

____

Was denkt ihr nun über Urlaubssouvenirs aus Ton?

____

____

____

52. Reise ins Ungewisse

Diese Reise ist besonders Personen zu empfehlen, die weniger als 2 Jahre in ihrer Beziehung sind oder wenn ihr das Gefühl habt, euren Partner noch nicht tief genug zu kennen.

Wenn ihr eine schöne Reise unternehmt, die sich in euren Komfortzonen befindet, wird in eurer Persönlichkeit nichts Neues auftauchen. Wenn ihr euch noch besser kennenlernen wollt, dann empfehle ich euch, die Komfort- und Luxuszone zu verlassen. Manchmal passieren solche Reisen unweigerlich - die Hotelbuchung wurde storniert / vermasselt, sodass ihr 10 km außerhalb in einem heruntergekommenen Hostel einchecken müsst, da dies der einzige Ort mit verfügbaren Zimmern ist. Oder ihr wusstet nicht, dass die von euch gebuchte Tour ein Ultra-Mega-Super- Backpacker-Budget beinhaltet.

Der Zweck dieser Übung ist es, die tiefere Natur der anderen Person zu erkennen. Wie reagiert man, wenn die Dinge nicht ihren Weg gehen? Wie geht ihr damit um, wenn eure Umgebung nicht den Anforderungen entspricht? Brecht ihr zusammen und fangt an zu weinen? Oder nehmt ihr die Dinge so wie sie sind, saugt

sie auf und sagt euch: "Ok, wir sind eigentlich einen anderen Standard gewöhnt, aber wir werden nicht sterben. Und wenn wir das durchleben, werden wir diese Reise nie wieder machen. Jetzt lass uns Spaß haben, wo wir schon einmal hier sind! "
Diese Art von Reise verbindet viele Reize miteinander.

Tipp: Besucht eine Stadt, in der ihr bereits wart, aber bucht alles mit weniger als der Hälfte des üblichen Budgets. Oder reist einfach so, wie ihr es nicht gewohnt seid.

Priorität: ___________________

Geplante Umsetzung: ___________________

☐ Erledigt am: ___________________

Was war die größte Überraschung an dieser Tour?

____

____

____

Muss man einen Plan B haben oder gibt es Tipps, die es immer zu berücksichtigen gilt?

____

____

____

In welchen Ländern wäre eine solche Reise besonders reizvoll?

53. Liebevolle Berührungen

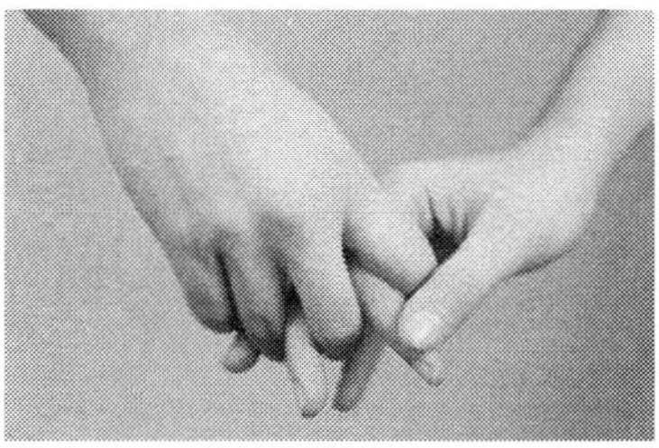

Berührung ist ein grundlegender Bestandteil der menschlichen Existenz. Studien an Säuglingen haben gezeigt, wie wichtig ein regelmäßiger, liebevoller Kontakt für die Entwicklung des Gehirns ist. Und die Vorteile enden nicht in der Kindheit. Liebevoller Kontakt erhöht den Oxytocin Spiegel des Körpers, ein Hormon, das die Bindung und das Zugehörigkeitsgefühl beeinflusst.

Während Sex oft ein Eckpfeiler einer engagierten Beziehung ist, sollte er nicht die einzige Methode der körperlichen Intimität sein. Häufige, liebevolle Berührungen - Händchenhalten, Umarmen, Küssen - sind ebenso wichtig.

Natürlich ist es wichtig, sensibel zu sein, was dein Partner mag. Unerwünschte Berührungen oder unangemessene Ouvertüren können dazu führen, dass ihr euch anspannt und zurückzieht - genau das, was ihr nicht wollt. Wie bei so vielen anderen Aspekten einer gesunden Beziehung kann dies darauf zurückzuführen sein, wie gut ihr eure Bedürfnisse und Absichten mit eurem Partner kommuniziert. Selbst, wenn ihr eine starke Arbeitsbelastung und/oder kleine Kinder habt, könnt ihr dazu beitragen, die körperliche Intimität am Leben zu erhalten. Legt eine regelmäßige Paarzeit fest, sei es in

Form einer Verabredung oder einfach einer Stunde am Ende des Tages um zu reden, Händchen zu halten oder sich einfach nur wohlzufühlen. Gemeinsame Zeit vor dem Fernseher ist dagegen keine qualitativ hochwertige Freizeitbeschäftigung, da ihr nicht aktiv miteinander agiert.

Tipp: **Körperliche Nähe und liebevolle Berührungen bedeuten meist mehr als der beste Sex. Es schafft Nähe und Vertrauen und spendet Kraft, ohne dass danach gefragt werden muss. Es geschieht automatisch.**

Priorität: __________________

Geplante Umsetzung: __________________

☐ Erledigt am: __________________

Welche Gefühle habt ihr empfunden?

____

____

____

Gibt es Situationen, in denen ihr euch mehr Empathie von eurem Partner wünscht?

____

____

____

Welche Rituale werdet ihr zukünftig anwenden?

54. Eine Paarmassage

Eine Paarmassage ist eine der wundervollsten Behandlungen in Wellnesscentern auf der ganzen Welt. Was könnte romantischer sein, als Seite an Seite mit deinem Freund, deiner Freundin oder dem Ehepartner in der entspannendsten Umgebung zu liegen? Abhängig von eurem Standort könnt ihr vielleicht sogar aus ganz vielen unterschiedlichen Massageangeboten wählen.

Wenn ihr beispielsweise in einer Großstadt ansässig seid, solltet ihr nach einer Paarmassage in einer Therme suchen, in der ihr gemeinsam ein umfassendes Paarmassage-Event erleben können. Überprüft die Bewertungen, um sicherzustellen, dass ihr das Beste von dem bekommt, was ihr euch auch vorstellt. Wenn eine Ganzkörpermassage nicht eure Sache ist, probiert eine beruhigende Fußmassage aus, bei der eure Füßchen und Zehen von einem Fachmann durchgeknetet und sanft gerieben werden. Um ein noch intimeres Ziel für Paare wie euch zu erreichen, könnt ihr in einem Workshop lernen, wie ihr euch gegenseitig eine sexy Beruhigungsmassage gebt.

Tipp: Ein besonderes Erlebnis bieten große Wellness-Spa, die neben einer Vielfalt an Saunen auch unterschiedliche Paarmassagen offerieren. Bucht einen Termin und genießt die Zweisamkeit in total entspannter Atmosphäre.

Priorität: ___________________

Geplante Umsetzung: ___________________

☐ Erledigt am: ___________________

Welchen Ort und welche Art der Paarmassage habt ihr ausgewählt und warum?

____

____

____

Ist Paarmassage für euch zukünftig interessant? Was plant ihr dafür?

____

____

____

Paarmassage Ideen oder Orte:

____

____

55. Singt ein Karaoke-Duett

Jetzt wird es musikalisch. Zu zweit geht alles besser. Warum nicht auch beim Karaoke? Es muss ja nicht gleich ein Auftritt beim örtlichen Karaoke-Event sein. Verwandelt euer Wohnzimmer in eine Disco, schnappt euch das Mikro und los geht´s.

Ein Duett wie „Time of my life" aus dem Film Dirty Dancing oder ein Hit von Roland Kaiser. Was auch immer euch gefällt, singt mit, singt laut und fühlt euch gut. YouTube und auch die gute alte Wii bieten hierzu vielerlei Möglichkeiten.

Nehmt all euren Mut zusammen, die Bühne zu betreten und eine Erinnerung zu schaffen, die ein Leben lang anhält. Lasst euch von verschiedenen Top 10 Karaoke-Duett Songs im Internet inspirieren.

Tipp: Für eine Karaoke-Nacht sollte natürlich auch das Outfit stimmen. Überrascht euch gegenseitig und zieht euch heimlich um – das lässt die Spannung steigen. Eine Rose für die Dame verleiht dem Abend das gewisse Etwas!

Priorität: ____________________

Geplante Umsetzung: ____________________

☐ Erledigt am: ____________________

Welche Lieder sind euch spontan eingefallen?

____

____

____

Wie textsicher wart ihr und welche Duette werdet ihr gern wieder singen?

____

____

____

Zu welchen Anlässen werdet ihr noch einmal Karaoke singen?

____

____

____

56. Ein Monogramm entwerfen

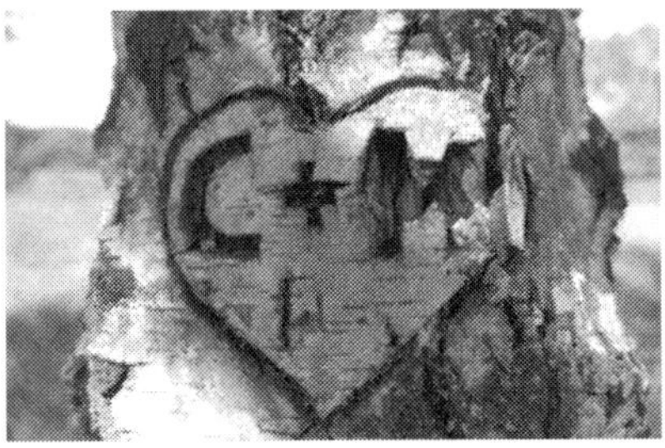

Wenn etwas für die Ewigkeit gemacht ist, dann ist es nur richtig, ein Monogramm zu erstellen. Das Monogramm ist die wohl persönlichste aller Buchstabenkombinationen und folgt gleich nach dem eigentlichen Namen. Zwei bis drei Buchstaben, die viel ausdrücken und ein klares, klassisches Zeichen setzen.

Entwerft euer ganz eigenes Monogramm mit einer Kombination eurer Initialen und platziert dieses Design dann auf etwas Besonderem. Monogramme können zu Charms verarbeitet, auf T-Shirts gestempelt, auf hübsche Schreibwaren gedruckt oder sogar auf eure Badetücher gestickt werden.

Wie wäre es mit einem Monogramm auf eurem Briefpapier?

Tipp: Wenn ihr Hilfe beim Erstellen eures personalisierten Monogramms benötigt, könnt ihr ganz einfach ein Monogramm in Microsoft Word erstellen oder bei Logaster.de unter verschiedenen Monogramm- Generatoren wählen. Erstellt doch gleich einen ersten Entwurf direkt unter diesem Tipp!

Priorität: ____________________

Geplante Umsetzung: ____________________

☐ Erledigt am: ____________________

Welche Farbe, Größe, Platzierung und Initialen habt ihr gewählt?

____

____

____

Wo wollt ihr euer Monogramm aufbringen?

____

____

____

Gibt es Monogramme in euren Familien, die traditionell weitergegeben werden?

____

____

____

57. Kuss in einem Riesenrad

Mut, Lust und Leidenschaft. Dies alles erfordert eine Fahrt in einem Riesenrad. Zusammen mit seinem Lieblingsmenschen in schwindelerregender Höhe zu kreisen, die Lichter der Stadt, Zweisamkeit und das Kribbeln im Bauch ... was wohl als nächstes passiert. Ganz oben angekommen heißt es „jetzt oder nie“. Ein Kuss für die Ewigkeit mit der Erinnerung an einen Augenblick, in dem man über allem schwebt.

In einem der romantischsten Filme der Welt erhält eine Frau einen Kuss auf der Spitze eines Riesenrads. Viele Freunde und Freundinnen erzählen immer wieder, dass sie hier ihren allerersten Kuss erhalten haben. Es hat etwas Besonderes, egal ob ihr das beeindruckend große London Eye, den Prater oder ein kleineres Riesenrad beim örtlichen Fest ausprobiert.
Wenn ihr diesen Kuss zu einem besonderen Kuss machen möchtet, besucht eines der 10 berühmtesten Riesenräder der Welt.

Tipp: Eine Liste der größte Riesenräder der Welt findet ihr im Netz. Schaut bei eurer nächsten Urlaubsreise, ob es sich vielleicht lohnt, ein besonderes Riesenrad zu besuchen.

Priorität: ____________________
Geplante Umsetzung: ____________________
☐ Erledigt am: ____________________

Welches Riesenrad habt ihr besucht?

____

____

____

Was war der Anlass und habt ihr ein besonderes Ritual dafür entwickelt?

____

____

____

Riesenräder, die wir besuchen möchten:

____

____

____

58. Eine Tandemfahrt ins Glück

Eine erfolgreiche Tandem-Radtour erfordert Kommunikation, Zusammenarbeit und Teamwork. Alles Dinge, die in vielen Aspekten einer Beziehung sehr wichtig sind.
An diversen Orten, insbesondere an Ausflugspunkten, werden Tandems und Fahrräder zum Ausleihen angeboten, stundenweise oder auch für einen ganzen Tag. Wählt nach Geschmack einen schönen Nachmittag für eine Tandem-Radtour auf einem ruhigen Weg. Wie wäre es mit dem Vulkan-Radweg?

Tandem-Fahrradfahren ist mehr als nur zusammen zu sein, um sich zu bewegen. Bei herkömmlichen Tandems lenkt der Frontfahrer das Fahrrad und wird als Kapitän, Pilot oder Steuermann bezeichnet. Der hintere Fahrer tritt nur in die Pedale und wird als Heizer, Navigator oder Konteradmiral bezeichnet. Eine Tandemfahrt testet mehr als die Fitness und kann eine Freundschaft oder Ehe maßgeblich verändern.

Los geht's, tretet in die Pedale und genießt die wundervolle Landschaft.

Tipp: Informiert euch in den klassischen Fahrradregionen nach einem Tandemverleih. Eine telefonische Reservierung kann von Enttäuschung am Ausflugstag schützen.

Priorität: ____________________

Geplante Umsetzung: ____________________

☐ Erledigt am: ____________________

Wer von euch hat auf dem Tandem vorne gesessen und warum?

____

____

____

Welche Erkenntnisse habt ihr durch die Tandemtour für euch gewonnen?

____

____

____

Weitere Notizen und Gedankenstützen:

____

____

59. In einem Ice Hotel schlafen

Jetzt wird es eisig! Jedes Jahr wird im nordschwedischen Dorf Jukkasjärvi das Ice Hotel aus natürlichem Eis und Schnee gebaut. Es ist eine Kunstausstellung ebenso wie ein Hotel, in dem sich die Leinwände vom Boden bis zur Decke erstrecken. Verbringt die Nacht in einem der Ice-Zimmer, in denen ihr von kunstvoll gemeißeltem Eis umgeben seid. Ein weiterer Bonus ist, dass es auch die Möglichkeit gibt, das Nordlicht von eurem Standort am Ufer des Flusses Torne aus zu sehen.

Die Temperatur im Hotel liegt konstant zwischen -5 und -7 Grad Celsius.

Euch werden Schlafsäcke im Expeditionsstil zur Verfügung gestellt, die auf extreme Temperaturen getestet wurden, sodass ihr nur mit Thermik, Hut, warmen Socken und eurer eigenen Wärme gut zurechtkommen werdet. Gegen einen Aufpreis könnt ihr ein Erlebnis mit einer Sauna, einem holzbefeuerten Whirlpool und einem Eisbad buchen. Nähere Infos findet ihr unter www.icehotel.com.

Tipp: Wenn möglich wird empfohlen, eure erste oder letzte Nacht kühl, die restlichen Nächte in warmen Kabinen oder Hotelzimmern zu buchen, um z. B. an Wildausflügen teilzunehmen.

Priorität: ____________________

Geplante Umsetzung: ____________________

☐ Erledigt am: ____________________

Wie waren eure ersten Eindrücke vom Ice Hotel?

____

____

____

Welche Dinge möchtet ihr auf jeden Fall in einem Ice Hotel noch einmal erleben.

____

____

____

Eure Geheimtipps:

____

____

60. Wachablösung in London anschauen

Ein Gruß von der Queen, denn jetzt wird es British! Die Wachablösung im Buckingham Palace ist ein faszinierendes Schauspiel, bei dem die Alte Garde die Sicherheitsverantwortung an die Neue Garde übergibt.

Die Wachen kommen an, indem sie am Victoria Monument direkt vor dem Buckingham Palace vorbeimarschieren und dann durch die reich verzierten Eingangstore des Palastes eintreten. Dies wird mit synchronisiertem Marschieren, Präzisionsübungen und dem Spielen der königlichen Militärkapelle kombiniert. Es ist eine Show wie keine andere. Wichtig ist auf jeden Fall, früh genug da zu sein!

Es wird dringend empfohlen, bequeme Wanderschuhe zu tragen, da ihr möglicherweise längere Zeit stehen müsst. Bringt auch einen Regenschirm oder Regenmantel mit, falls das Wetter es verlangt. Wenn ihr Mobilitätsprobleme habt, beachtet bitte, dass es nicht viele Bänke oder Sitzgelegenheiten gibt, auf denen ihr entlang der

Zeremonienroute sitzen könnt.

Tipp: Von April bis Juli findet die Wachablösung aktuell täglich statt, von August bis März jeden zweiten Tag (MO, MI, FR, SO). Um noch einen guten Platz zu ergattern, empfehlen wir euch mindestens 1 Stunde vorher vor Ort zu sein.

Priorität: ________________

Geplante Umsetzung: ________________

☐ Erledigt am: ________________

Welche Erwartungen hattet ihr an die Wachablösung und wie war es dann tatsächlich?

____

____

____

Habt ihr euch weitere Sehenswürdigkeiten angeschaut?

____

____

____

Was würdet ihr bei der nächsten London-Reise berücksichtigen?

61. Eine Fischpediküre für Zwei

Lasst euch „anknabbern“. Fischpediküren werden mittlerweile auf der ganzen Welt angeboten und man muss nicht weit reisen, um dieses Peeling einmal gemeinsam zu erleben.

Vielleicht habt ihr die kleinen Garra Rufa Fische, auch Kangalfische, Knabberfische oder Doctorfische genannt, schon einmal im Ausland gesehen oder kennen gelernt. Die Kangalfische entfernen – ohne Zähne – Hornhautschüppchen von der Haut, da sie sich von den darin enthaltenen Proteinen ernähren. Eure Füße werden dabei samtig weich und das Knabbern der Fischchen beugt einer verstärkten Hornhautbildung vor. Ganz nebenbei werden zahlreiche Nervenenden stimuliert und die Durchblutung gefördert.

Besucht und erlebt diese herrliche Wellness-Pediküre gemeinsam! Ihr wollt wie auf Wolken schweben? Dann bucht euch im Anschluss daran eine Fussreflexzonenmassage; es gibt einfach nichts Schöneres.

Tipp: Denkt an ein Bad in Mineralwasser. Egal wie kitzelig es ist, ihr werdet es schaffen. Nur die ersten paar Berührungen mit den Fischen werden extrem kitzeln. Das lässt schnell nach und ihr könnt euch noch mehr entspannen.

Priorität: ____________________

Geplante Umsetzung: ____________________

☐ Erledigt am: ____________________

Was für ein Gefühl hattet ihr in den ersten Sekunden?

____

____

____

Habt ihr einzelne Fische beobachtet. Wen „mochten" die Fische lieber?

____

____

____

Was wollt ihr bei eurem nächsten Spa-Besuch berücksichtigen?

____

____

____

62. Fondükscha - Original Schweizer Käsefondue

Winterzeit ist Fondue-Zeit und dies nicht nur daheim im Stübli.
Auf geht's nach Bern in die Schweiz.

Das Käsefondue ist eine typische Schweizer Tradition, die zu geselligen Abenden einlädt und oft mit einem guten Schluck Wein serviert wird. Wer von dem würzigen Schweizer Käse in Flüssigform zusammen mit leckerem Brot nicht genug bekommen kann, ist auf einer Fondükscha genau richtig.

Das besondere Fondue-Erlebnis für Verliebte, Entdeckungslustige und alle, die etwas Einmaliges erleben möchten. Ein Fondue-Plausch auf drei Rädern! Während ihr Brotwürfel in heißen Käse taucht und mit einem Glas Weißwein anstoßt, erzählt der Riksha-Fahrer Anekdoten und Wissenswertes über Bern und die Schweiz. Wolldecken und mit flauschigem Fell gepolsterte Bänke halten euch auf der Fahrt durch die romantisch beleuchteten Gassen der Berner Altstadt wohlig warm.

Tipp: Verbunden mit Schneeschuhlaufen, Winterwandern, Schlittschuhlaufen oder Eisfischen wird der Fondueplausch zum perfekten Ausflug in die Berge!

Priorität: ____________________

Geplante Umsetzung: ____________________

☐ Erledigt am: ____________________

Wie und wann habt ihr die Idee umgesetzt?

____

____

____

Ist Käsefondue im Winter für euch zu einem Ritual geworden?

____

____

____

Wo gibt es die besten Käsefondues?

____

____

____

____

63. Adventskalender selbst befüllen

Die Auswahl an Adventskalendern nimmt jedes Jahr zu? Noch mehr Individualität erhaltet ihr, wenn ihr euren Kalender selbst befüllt. Dazu habt ihr die Möglichkeit, einen Adventskalender zusammen zu befüllen oder jeder erhält einen nur für sich.

Solltet ihr euch für die erste Variante entscheiden, dann ist eine Person für die geraden Zahlen zuständig und der oder die andere für die ungeraden. Beim Öffnen der Türchen wechselt ihr dann und macht jeweils die vom Partner befüllten Zahlen auf. Oder alternativ befüllt jeder einen Kalender komplett allein und schenkt diesen dem Partner. Legt vorher eventuell auch ein Budget gemeinsam fest – ihr müsst euch dabei nicht über- trumpfen.

Neben kleinen Aufmerksamkeiten, wie selbstgemachten Pralinen, Keksen oder Beautyprodukten (Massageöle, Gesichtsmasken, ...) könnt ihr auch Gutscheine basteln und verschenken. Darauf können Dinge stehen, wie „Gutschein für eine Fußmassage!“, „Du hast einen Wunsch frei!“, „Gutschein für einen Kuchen Deiner Wahl!“, „Gutschein für ein 3-Gänge-Menü!“ oder ein Kino- bzw. Theaterbesuch.

Oder ihr wählt für jedes der 24 Türchen ein passendes Foto aus, welches beim Öffnen sichtbar wird und euch an viele schöne vergangene Momente erinnert.

Tipp: Nicht nur für die Vorweihnachtszeit könnt ihr Kalender befüllen. Macht euch einen Kalender mit je einer Überraschung für das Wochenende. Dann habt ihr über eine längere Zeit etwas davon und überrascht den Partner mit kleinen Aufmerksamkeiten. Auch Ideen aus diesem Buch könnt ihr mit einfließen lassen.

Priorität: ___________________

Geplante Umsetzung: ___________________

☐ Erledigt am: ___________________

Für welche Variante habt ihr euch entschieden? Seid ihr mit den vom Partner ausgewählten Inhalten zufrieden? Hat er euren Geschmack getroffen?

____

____

____

Über welches Türchen habt ihr euch am meisten gefreut und warum?

____

____

____

64. Gemeinsam einen Beitrag im Leben leisten

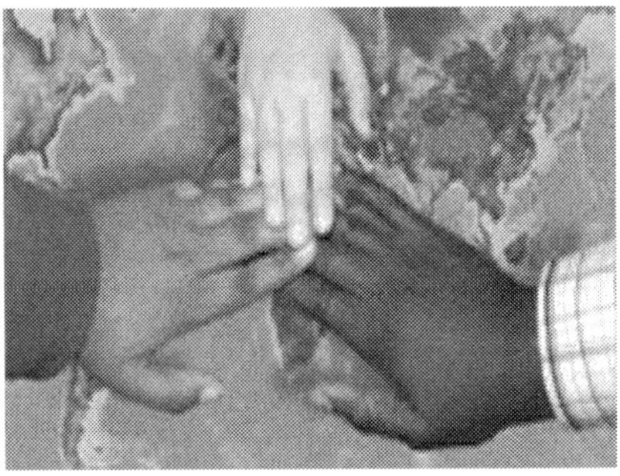

Reisen ist Teil der endlosen Bildung und es gibt nichts Besseres, als in ein fremdes Land zu reisen, dessen Kultur und Überzeugungen weit von unseren eignen entfernt sind.

Es ist wunderbar, dies mit dem Partner zu erleben, wenn ihr etwas über das Leben, die Überzeugungen und das, was für euch von größter Bedeutung ist, erfahren könnt. Es macht Spaß, gemeinsam eine Sprache zu lernen, die Wörter falsch auszusprechen und zu versuchen, mit Einheimischen zu kommunizieren ... und von ihnen irgendwie verstanden zu werden.

Und es kann auch eine Chance sein, etwas zurückzugeben. Überlegt, wie ihr für dieses Land und die dort lebenden Menschen einen freiwilligen Beitrag leisten könnt. Dieser Beitrag wird euch nicht weh tun, kann für diese Menschen aber von großer Bedeutung sein und ihr werdet einen viel größeren Schatz in Form von Dankbarkeit zurück bekommen.

Ihr könnt für euch auch eine breitere Perspektive im Umgang mit Problemen des Alltags gewinnen. Dinge, über die ihr euch früher gestritten habt, werden trivial erscheinen, wenn ihr über die Orte nachdenkt, an denen ihr gewesen wart, wo „Paarprobleme" ein Luxus wären, wie z. B. Streit um die Fernbedienung oder Streit darüber, in welches Restaurant ihr zum Essen geht.

Taucht ein in fremde Welten, lernt von anderen und versucht auch etwas zurückzugeben.

Tipp: Taucht in die fremden Kulturen von Südostasien, Afrika und Südamerika ein, lernt die Menschen, ihre Kulturen und ihren Alltag kennen. Seid dankbar für diese großartige Erfahrung und alle Erkenntnisse, die ihr daraus für euch ziehen könnt.

Priorität: ________________

Geplante Umsetzung: ________________

☐ Erledigt am: ________________

Was hat euch am meisten gedanklich beschäftigt?

____

____

____

Welche Möglichkeiten der Hilfe und Unterstützung bieten sich für euch an?

____

____

____

Projekte, für die ihr euch engagiert:

____

____

____

65. Lasst die Vergangenheit aufleben

Besucht zusammen Orte und Plätze, die für euch in der Vergangenheit und vielleicht auch vor eurer Beziehung, eine entscheidende Rolle gespielt haben, mit bestimmten Emotionen verbunden sind und ein Teil eurer bisherigen Persönlichkeits-entwicklung waren.

Dies kann eine Reise in das Land oder die Stadt deiner Herkunft sein oder wo deine bzw. eure Eltern und Großeltern herkommen. Vielleicht erkundet ihr eure Heimatstadt, die Schule, die ihr besucht habt, das Gebäude, in dem ihr euren ersten Job hattet und vorbei an der früheren Lieblingspizzeria.
Dies hilft euch, sich noch besser zu verstehen, die Hintergründe des anderen noch tiefer kennenzulernen und gute Gespräche über frühere Erlebnisse zu führen. Dabei werdet ihr bestimmt die eine oder andere spannende Geschichte über euren Partner erfahren und ihn noch viel besser verstehen.

Und auch, wenn die eine oder andere Situation damals sehr herausfordernd war, könnt ihr diese nun vielleicht aus einer ganz anderen Perspektive betrachten und gemeinsam darüber lachen.

Tipp: Vielleicht ist jemand von euch als Kind mit den Großeltern ganz oft eine bestimmte Route z. B. durch ein Waldstück, eine Parkanlage oder ähnliches gelaufen inklusive Enten am Teich füttern, an einem Spielplatz Schaukeln, einen Snack auf einer Parkbank mit schönem Ausblick genießen ... geht diese Route doch mal gemeinsam!

Priorität: __________________

Geplante Umsetzung: __________________

☐ Erledigt am: __________________

Habt ihr ein Gefühl für eure Vergangenheit bekommen und konntet ihr Orte wiedererkennen?

____

____

____

Wie hat sich euer Heimatort / eure Heimatschule / der besuchte Ort verändert?

____

____

____

Habt ihr etwas Besonderes über den anderen erfahren?

66. Erinnerungen wiederbeleben

Verabredet euch zu einem wunderbaren Abend, um alte Erinnerungen wieder zu erleben. Diese Art von Aktivität kann euch helfen, Gefühle der Nostalgie hervorzurufen, die zu gemeinsamen guten Gefühlen und schönen Erinnerungen beitragen. Beziehungen bauen oft genauso auf gemeinsamen Geschichten und Erfahrungen auf.

Um sich gemeinsam zu erinnern, könnt ihr einen Filmabend einrichten und euer Hochzeitsvideo ansehen oder alte Fotoalben gemeinsam durchstöbern. Tauscht eure Erinnerungen aus und schwärmt von euren gemeinsamen Momenten und Erfahrungen.
Ihr könnt auch alte Erinnerungen teilen, an denen euer Partner möglicherweise nicht beteiligt war, z. B. Fotos aus eure Kindheit oder Jahrbücher der Schulen durchblättern. Das Teilen von Geschichten, bevor ihr zusammen gekommen seid, kann euch helfen, neue Dinge über eure Partner zu lernen, die ihr vielleicht nie erfahren hättet.

Macht ein Spiel daraus, indem ihr eine eigene Version von „zwei Wahrheiten und eine Lüge“ erstellt. Jeder überlegt sich eine gefälschte Geschichte, die zu euren jeweiligen beiden Wahrheiten passt und schaut, ob euer Partner die

Lüge erraten kann.

Tipp: Geschichten aus der Jugend sind oft besonders interessant. Alte Hollywood Filme sind eine gute Vorlage für gefälschte Geschichten, die auch wahr sein könnten.

Priorität: ____________________

Geplante Umsetzung: ____________________

☐ Erledigt am: ____________________

Über welche Lebensphasen habt ihr verstärkt gesprochen?

____

____

____

Was hat euch ganz besonders beeindruckt?

____

____

____

Was könntet ihr aus der damaligen Zeit in die Gegenwart holen bzw. wiederholen?

67. Geocaching

Egal ob Tag oder Nacht, zu Land, zu Wasser oder (fast) in der Luft. Geocaching ist nahezu überall spielbar.

Los geht´s! Beim Geocaching könnt ihr zusammen auf Schatzsuche gehen. Überall auf der Welt haben Teilnehmer einen kleinen Schatz versteckt, der mittels GPS-Daten und kleinen Rätselaufgaben geborgen werden kann. Mit Sicherheit ist auch irgendwo in eurer Nähe ein Geocaching-Schatz versteckt.

Alles, was ihr tun müsst, ist euch eine entsprechende App (kostenlos) auf´s Handy zu laden. Der Rest ist nahezu selbsterklärend. Neben dem kindlichen Spaß daran, zusammen Rätsel zu lösen und einen versteckten Schatz zu finden, habt ihr bei diesem Freizeitvergnügen den zusätzlichen Vorteil, dass ihr zusammen draußen in der Natur unterwegs seid und eure Umgebung besser kennenlernt. Infos erhaltet ihr zum Beispiel unter www.geocaching.com

Tipp: Bastelt selber kleine „Schätze“, die ihr an eure Fundstellen legt, damit der nächste Geocacher auch wieder einen Schatz heben kann.

Priorität: ____________________

Geplante Umsetzung: ____________________

☐ Erledigt am: ____________________

____

____

____

Welche Schätze habt ihr gehoben und vergraben?

____

____

____

____

Gibt es Orte, die ihr besonders empfehlen würdet? Warum?

____

____

____

68. Autokino für Zwei

Die US-amerikanische Erfindung des Autokinos erfreut sich in diesen Tagen in Deutschland neuer Beliebtheit. Bisher war die Idee des Autokinos vor allem bei Nostalgikern und bekennenden Romantikern sehr beliebt, welche die Erfahrungen, die mit einem motorisierten Besuch im Freilichtkino verbunden waren, geradezu zelebrierten.

Sex, Drucks and Rock´n´Roll – das Motto der 50er und 60er Jahre. Pünktchen Kleid, Petticoat und Kinos, in denen man im eigenen Auto sitzt. Ihr liebt diese Zeiten? Dann verbringt einen tollen Abend ganz in dem Flair der Vergangenheit. Ihr wisst nicht, wo es sowas noch gibt? Zum Beispiel bei www.kfz-mag.de/autokinos findet ihr eine Liste mit Autokinos in Deutschland, Österreich, Schweiz und Luxemburg. Vielleicht wohnt ihr ja ganz in der Nähe von einem Autokino? Schnappt euch einen Picknickkorb mit euren Lieblings-knabbereien und los geht es.
Schaut euch einen guten Film im Autokino an! Dort könnt ihr ohne die bösen Blicke der anderen Kinobesucher quatschen und so laut Popcorn essen, wie ihr wollt. Und falls der Film doch nicht so gut sein sollte, gibt es ja immer noch andere Beschäftigungsmöglichkeiten.
Besonders frisch verliebte Pärchen wählen oft diese

besondere Art und Weise des Kinobesuches. Die letzte Reihe des Parkplatzes wird liebevoll „Love Line" genannt, wo man nahezu ungestört ist und kuscheln, knutschen und schmusen kann.

Tipp: Da die Filme häufig erst gezeigt werden, wenn es dämmert, gehört ein romantischer Sonnenuntergang meist zum naturalistischen Gratis-Extra dieses unvergesslichen Events.

Priorität: ____________________

Geplante Umsetzung: ____________________

☐ Erledigt am: ____________________

Macht euren Autokino Abend zum Themenabend. Wie habt ihr euch vorbereitet?

____

____

____

Decken, Snacks und Getränke - was müssen wir mitnehmen?

____

____

____

Adresse & Infos zu Autokinos in der Nähe:

69. Dinner in den Wolken

Romantik pur! Der Fernsehturm Berlin am Alexanderplatz ist eines der bekanntesten Gebäude der Stadt. Mit 368 m ist es das höchste Bauwerk in Deutschland und eines der höchsten in der EU.

Das Tele Café ist 207 m hoch und dreht sich langsam. Damit ist es das höchste Drehrestaurant in Deutschland. Erlebt ein unvergessliches Dinner-Erlebnis: Blick auf die Skyline Berlins bei Sonnenuntergang aus über 200 m Höhe, während ihr euch langsam dreht, um die volle 360-Grad-Sicht zu erhalten. Das Restaurant benötigt 1 Stunde, um sich vollständig um 360 Grad zu drehen und bietet zweifellos die beste Aussicht, von der ihr für ein romantisches Abendessen mit eurem Partner träumen könnt.

Berlin ist auch eine wunderschöne Stadt, in der man spazieren gehen kann – besonders am Abend, wenn die ikonischen Gebäude beleuchtet sind. Das berühmte Brandenburger Tor zeichnet sich natürlich nicht nur durch seine majestätische Schönheit aus, sondern ist auch ein Symbol der Wiedervereinigung. Während der Tage der Berliner Mauer befand es sich im Niemandsland und wurde daher für drei Jahrzehnte aufgegeben. Erst 1989 wurde dieses berühmte Wahrzeichen wiedereröffnet und in seinem früheren Glanz wiederhergestellt.

Die Berliner Mauer ist heute ein farbenfrohes 1,3 km langes Denkmal mit prächtigen Graffitis und 105 Gemälden von Künstlern aus aller Welt. Damit ist es eine der größten und langlebigsten Open-Air-Galerien der Welt.

Ein Teil davon hat sogar ein Tor, das Liebenden gewidmet ist, wo Sie Ihre Liebe mit einem Liebesschloss versiegeln können.

Tipp: Bucht euer romantisches Candlelight-Dinner rechtzeitig, das Restaurant ist meist ausgebucht. Vorher lohnt sich in jedem Fall ein Blick auf die Wettervorhersage. Hängt euer Liebesschloß auf jeden Fall an das Tor der Liebenden.

Priorität: ________________

Geplante Umsetzung: ________________

☐ Erledigt am: ________________

Was ist euch von der unglaublichen Aussicht aus dem Fernsehturm in Erinnerung geblieben?

____

____

____

Welche Highlights wollt ihr noch einmal bereisen?

70. Tretboot fahren

Bootfahren und zusammen über Seen schippern. Gemeinsam im Tretboot oder Ruderboot zu sitzen und gemütlich über einen See zu gleiten, entspannt. (Frisch) Verliebte können bei dieser Unternehmung das herrliche Wetter auf sich wirken lassen, Wind und Natur genießen. Gleichzeitig sitzen sie eng zusammen und haben Ruhe zum Reden. Für einen Kuss und die eine oder andere Zärtlichkeit bleibt im privaten Boot genug Raum. Was gibt es Schöneres für verliebte Paare als eine romantische Bootstour zu zweit.

Genießt gemeinsam mit eurem Lieblingsmenschen die Ruhe und Zweisamkeit auf dem Wasser. Erkundet ungestört die Flora und Fauna oder erlebt einen romantischen Sonnenuntergang. Bei einer (ruhigen) Bootsfahrt seid ihr absolut alleine und könnt euch mit allen Sinnen dem Partner und der Natur widmen und damit die für eine Beziehung so wichtige Nähe schaffen.

Hier gibt es mehrere Möglichkeiten:

Die einfache Tretboottour auf einem Stadtteich – dort kann man sich oft ein Boot für 1-2 Stunden ausleihen und z.B. über den Aachener Weiher in Köln schippern. Ein weiteres mögliches Event ist eine Kanutour auf einem

Fluss, wie beispielsweise der Lahn, Ruhr, Wupper oder Lippe, also auf nicht befahrenen Flüssen.

Tipp: Bootstouren, Tretboote und vieles mehr könnt ihr prima online reservieren, zum Beispiel auf www.kanutours-giessen.com oder www.mydays.com

Priorität: ___________________

Geplante Umsetzung: ___________________

☐ Erledigt am: ___________________

Kapitän oder Steuermann; wie war eure Rollenverteilung? Wo seid ihr entlang geschippert?

____

____

____

Habt ihr eventuell ein neues Hobby entdeckt? Notiert alle wichtigen Punkte und Eindrücke.

____

____

____

Interessante Bootsverleih Orte, Öffnungszeiten und Preise:

71. Schaufensterbummel bei Nacht

Frisch verliebte Paare finden am Wochenende oft wenig Schlaf. Viel zu aufregend ist der neue Lebensabschnitt. Schule, Uni oder der Berufsalltag sind unter der Woche kaum zu bewältigen, weil die Sehnsucht nacheinander übermächtig scheint.

In den Abendstunden bleibt allerdings nicht viel Zeit. So verlagern sich die gemeinsamen Zeiten auf das Wochenende. Perfekt, um abends oder nachts nach Ladenschluss durch die Innenstadt an beleuchteten Schaufenstern vorbei zu bummeln, neue Trends zu bestaunen, sich über Kitsch und Kuriositäten zu amüsieren und von hochpreisigen Luxusgütern zu träumen.

Setzt euch ein Datum für diesen Schaufensterbummel, kleidet euch verrückt und vergesst den Fotoapparat nicht á la Frühstück bei Tiffany´s.

Tipp: Ein Schaufensterbummel in einer lauen Vollmondnacht mit eurem Schatz an der Hand, 1 Flasche Sekt und 2 Gläser, mehr braucht man nicht zum Glücklichsein. Setzt euch auf die Fensterbank eines kleinen alten Geschäfts und genießt die schönen Bilder.

Priorität: ____________________

Geplante Umsetzung: ____________________

☐ Erledigt am: ____________________

Welche Schaufenster haben euch am meisten gefallen?

____

____

____

Habt ihr verrückte Läden entdeckt, an denen ihr sonst vorbeigelaufen währt.

____

____

____

Was waren eure Eindrücke bei dem nächtlichen Schaufensterbummel?

____

____

____

72. Dein süßer Erdbeer-Mund

So süß schmeckt die Liebe. Sie sind lecker, gesund, kalorienarm – und ein Symbol für Erotik und Liebe. Reif und frisch geerntet ist ihr Aroma am intensivsten. Erdbeeren.

Warum nicht einmal an einem sonnigen Frühlingstag eine Radtour zum nächsten Erdbeerfeld machen. Gemeinsam durch das Erdbeerfeld huschen, sich die eine oder andere Frucht heimlich zustecken und am Ende mit vollen Körben den Heimweg antreten. Das sorgt für Spaß und süßen Genuss. Die köstlichen, handgepflückten Erdbeeren sind lecker reif und perfekt für den sofortigen Verzehr.

Später lässt sich aus den Früchten köstliche Marmelade und eine unwiderstehliche Erdbeertorte zaubern. Wie wäre es mit einer anschließenden Verabredung zu frischen Erdbeeren mit Schlagsahne und einem Glas Sekt zum Sonnenuntergang?

Tipp: Noch heute verkaufen Apotheken getrocknete Erdbeerblätter, die als ungesüßter Tee aufbereitet gegen Blasenentzündung, schlechten Atem und Akne helfen sollen. Kosmetikerinnen empfehlen eine Gesichtsmaske aus Erdbeersaft und Milch.

Priorität: ____________________

Geplante Umsetzung: ____________________

☐ Erledigt am: ____________________

Wie habt ihr euch zum Erdbeerpflücken organisiert?

____

____

____

Habt ihr vorher schon geplant, was ihr mit den Erdbeeren machen wollt? Was waren eure Ideen?

____

____

____

Weitere Notizen, vielleicht auch ein Rezept für eure exklusive Erdbeermarmelade:

73. Paar-Fotoshooting buchen

Ein Smartphone ist heute allgegenwärtig. Die schönsten Bilder schießt trotzdem ein professioneller Fotograf. Er kann die gemeinsame Zeit für verliebte Paare für alle Zeiten in zauberhaften romantischen Aufnahmen einfangen, Indoor oder Outdoor. Mit dieser Qualität können Selfies nicht mithalten.

Gemeinsame Fotos von sich und der/dem Liebsten. Was gibt es Schöneres, als gemeinsam mit dem Partner tolle Bilder von sich zu machen oder auch dem gemeinsamen Hobby nachzugehen.
Bei einem Paarshooting lassen sich schöne Momente für die Ewigkeit festhalten. Schöne Fotos erinnern an diesen einmaligen Tag zu zweit. Ein gemeinsames Erlebnis dieser Art macht Spaß und hält die Liebe in Bildern fest.

Während der Fotograf sicher Vorschläge und Anleitungen zum Posieren hat, kann es euch wirklich helfen, genau das Bild zu bekommen, das ihr sucht, wenn ihr vorher ein paar Posen Ideen übt, die ihr absolut liebt. Im Allgemeinen ist jede Pose, in der ihr euch wohl fühlt, die Beste. Seit einfach ihr selbst.

Tipp: Eine entspannte Umarmung ist eine perfekt niedliche Paar-Pose, da sie eure Verbindung und Chemie zeigt, aber bitte versucht, die Kamera zu ignorieren. aber nicht die Tipps eures Fotografen.

Priorität: ____________________

Geplante Umsetzung: ____________________

☐ Erledigt am: ____________________

Wie habt ihr eure Fotografen gefunden? Hattet ihr Spaß?

____

____

____

Habt ihr im Vorfeld Ideen gesammelt und euch mit dem Fotografen abgestimmt? Konntet ihr euch umziehen?

____

____

____

Wie wäre es mit ein paar erotischen Aufnahmen nur für euch. Was habt ihr für Ideen?

____

____

74. Tandemsprung mit dem Fallschirm

Ein gemeinsamer Tandemsprung mit dem Fallschirm gehört sicherlich zu den abenteuerlichsten Paar-Unternehmungen. Darüber werdet ihr noch lange sprechen. Nur der Fallschirm am Rücken, die bodenlose Tiefe unter euch. Ein Gedanke jagt den nächsten!

In atemberaubendem Tempo rast man im freien Fall der Erde entgegen. Adrenalinrausch pur. Unbeschreibliche Gefühle durchströmen den Körper. Für bis zu 60 Sekunden fühlt man sich vogelfrei.

Ein solches gemeinsames Erlebnis stärkt das Zusammengehörigkeitsgefühl enorm und wird für euch immer in Erinnerung bleiben. Auch Wochen später spürt ihr immer noch das Adrenalin. Wann immer ihr die Augen geschlossen habt und euch vorstellt, aus dem Flugzeug zu springen, pocht euer Herz bestimmt wieder ganz heftig.

Sicherlich ist diese Unternehmung nicht für Paare geeignet, die sich gerade kennengelernt haben, dafür sollte man sich schon etwas näher kennen! Bei den Kosten gibt es teilweise Unterschiede. Einige

Anbieter bieten Tandem Fallschirmsprünge auch im Rahmen von Aktionen günstiger an. Wer Geld sparen will, der kann in der Regel "Last Minute" Angebote nutzen. Günstiger wird es auch, wenn ihr z. B. nicht am Wochenende, sondern unter der Woche springt.

Tipp: Tandemsprünge könnt ihr für ca. 200,- Euro an zahlreichen Orten in Deutschland über Jochen Schweizer buchen oder direkt an den örtlichen Flugschulen.

Priorität: ____________________

Geplante Umsetzung: ____________________

☐ Erledigt am: ____________________

Wann und wie habt ihr euren Tandemsprung absolviert.

____

____

____

Welche Gefühle hattet ihr anschließend und was würdet ihr beim nächsten Sprung anders machen?

____

____

____

Kontaktadresse für Tandemsprünge und Flugstunden:

75. Kurzurlaub auf einem Hausboot

Es ist schwierig, das richtige Geschenk auszuwählen, egal ob es sich um einen Geburtstag, einen Valentinstag, ein Jubiläum oder nur darum handelt, dass ihr euch eine Freude machen wollt. Gönnt euch anstelle von Rosen und Pralinen eine der romantischsten Reisen eures Lebens. Mietet ein Hausboot für einen unvergesslichen Kurzurlaub zu zweit.

Zeit auf einem Hausboot zu verbringen ist ideal, um die Seele einfach mal baumeln zu lassen und eine wunderschöne Zeit miteinander zu verbringen. Es bietet allen Komfort, um sich zu entspannen und die gemeinsame Zeit abseits des Alltags zu genießen.
Auf einem Hausboot könnt ihr die Langsamkeit des Seins entdecken und erleben!

Ihr seid der Natur ganz nah und spürt die Freiheit – Entschleunigung pur, wie ihr feststellen werdet! Probiert es einfach mal aus. Hausboote könnt ihr zum Beispiel über Nautal www.nautal.de mieten.

Tipp: Ein besonderer Tipp ist, den Hausbooturlaub mit einem Aufenthalt in einem Wellness-Ressort zu verbinden.

Priorität: ________________

Geplante Umsetzung: ________________

☐ Erledigt am: ________________

Welche Anbieter habt ihr angesprochen und wie viele Tage wollt ihr auf ein Hausboot?

____

____

____

Wie war das Leben auf dem Wasser. Habt Ihr Dinge vergessen, die ihr beim Landgang nachkaufen musstet? Was habt ihr auf dem Hausboot unternommen?

____

____

____

Was gilt es bei einer Hausboot-Tour (für das nächste Mal) zu berücksichtigen?

____

____

76. Ein Ausflug mit Alpakas

Flauschiges Fell, schwarze Knopfaugen und ein Wesen zum Verlieben. Alpakas sind sanftmütige und friedliche Tiere.

Eine Wanderung mit diesen Gesellen lässt euch den Stress des Alltags vergessen. Die Tour beginnt auf dem Alpakahof mit einem ersten Kennenlernen der Tiere.

Nach kurzer Einweisung kann das Abenteuer auch schon beginnen. Während des Ausflugs sind diese Kamele, welche aus den südamerikanischen Anden stammen, sehr aufmerksam und lassen sich leicht führen. Dabei sind sie nicht so dickköpfig und stur wie einige Pony, die auch gern mal zwacken, wenn ihnen etwas nicht gerecht wird.

Jedes Alpaka hat seinen eigenen Charakter. Diese Ausflüge eignen sich sowohl für Paare als auch für Familien mit Kindern.

Tipp: Einige Veranstalter bieten im Anschluss an die Wanderung zum Beispiel noch ein Lagerfeuer mit Stockbrot, das Filzen von Alpakawolle oder das Spinnen der Rohwolle am Spinnrad an. So bekommt man einen ganz neuen Bezug zu den Tieren und kann den Tag gemütlich ausklingen lassen.

Priorität: ____________________

Geplante Umsetzung: ___________________

☐ Erledigt am: ___________________

Welches Alpaka habt ihr ausgeführt? Hatte es einen Namen? Wie war der Charakter des Tieres?

____

____

____

Was hat euch bei der Tour am besten gefallen?

____

____

____

Was habt ihr über Alpakas gelernt? Gab es danach noch weitere Highlights?

____

____

____

77. Im Winter ans Meer fahren

Bei kaltem Wetter im Herbst oder Winter an kilometerlangen Sandstränden spazieren gehen oder in der Nordsee schwimmen. Am besten geht das auf unseren nordfriesischen Inseln. Kleine Häuser und Appartements könnt ihr zum Kuscheln vor dem Kamin für kleines Geld kurzfristig mieten.

Ein romantischer Klassiker: Malt ein großes Herz mit euren Daten in den Sand und lasst das Zeichen eurer Liebe vom Meer für immer aufnehmen.

Auf einem Leuchtturm zu übernachten ist besonders in langen Sommernächten aber auch an rauen Herbst- und Wintertagen
zu empfehlen.

Gemeinsam die Sonne über dem Meer untergehen sehen oder wenn ihr lieber früh aufsteht, ist ein Sonnenaufgang genauso schön anzusehen. Tagsüber je nach Geschmack noch ein leckeres und frisches Fischbrötchen.

Ein unvergessliches Highlight ist es, von eurer Insel unbedingt eine Flaschenpost ins Meer zu werfen, zum Beispiel an eurem Jahrestag, dem Geburtstag oder nach der Hochzeit. Stellt euch vor, eines Tages wird die Flaschenpost gefunden und es meldet sich jemand. Sofort werdet ihr wieder an euren Urlaub erinnert.

Tipp: Lasst euch ein Liebesschloss gravieren. Die Nordseeinseln haben extra Plätze, an denen ihr es anbringen könnt. Nicht vergessen die Schlüssel ins Wasser zu werfen. Die Touristeninformation gibt euch hierzu Informationen.

Priorität: ________________

Geplante Umsetzung: ________________

☐ Erledigt am: ________________

Was habt ihr auf der Insel unternommen?

____

____

____

Gibt es inseltypische Spezialitäten, die ihr nachkochen werdet?

____

____

____

Welche besuchten Orte oder Plätze bleiben euch im Gedächtnis?

78. Den Reiz des Verbotenen kosten

Den Reiz des Verbotenen kosten, das verspricht Bauchkribbeln und Nervenkitzel pur. Kleine Unternehmungen, die nicht so ganz legal sind, aber eigentlich auch nicht verboten ...

... sagen wir, es ist Auslegungssache.

Wie wäre es mit einer Nacht auf einem abgelegenen Heuboden oder direkt auf einer Heuwiese zu schlafen? Am besten mit einem Schlafsack, da trockenes Gras piekst!

Mitten in der Nacht mit einem Boot auf einen See fahren und den Vollmond bewundern. Bei Neumond ist der Himmel besonders klar und ihr könnt die Sterne sehen. Kennt ihr eigentlich die Sternbilder? Sucht den kleinen und den großen Wagen und den Abendstern. Wer ihn als Erster entdeckt, hat einen Wunsch frei.

Für ganz Mutige: Mit einer Flasche Wein, Kerze und einer Picknickdecke in einem alten Fabrikgebäude den Abend mit der oder dem Liebsten verbringen. Da ist

Gänsehaut vorprogrammiert. (Ausweise für den Notfall nicht vergessen!)

Tipp: Achtet bitte unbedingt darauf, dass ihr euch selbst nicht in Gefahr bringt. Wildtiere sind z. B. sehr nachtaktiv.

Priorität: ____________________

Geplante Umsetzung: ____________________

☐ Erledigt am: ____________________

Welche Orte möchtet ihr besuchen und was wollt ihr dort unternehmen?

____

____

____

Welche Vorbereitungen habt ihr getroffen?

____

____

____

Notizen zu Lost Places:

79. Stand-Up Paddling

Überall dort, wo es einen See oder ein Meer gibt, besteht die Möglichkeit, an einer der beliebtesten Wasser- Aktivitäten teilzunehmen: Paddle Boarding oder auch Stand-Up Paddling genannt. Es trainiert den ganzen Körper, verbessert die Balance und ist super einfach zu erlernen.

Steigt auf einzelne Solo-Boards oder verbindet euch zu einer Gruppe und paddelt entspannt durch das Wasser, während ihr die Sonne genießt! Stand-Up Paddling ist sehr einfach zu erlernen und daher perfekt für Menschen jeden Alters. Zudem ist es eine unterhaltsame und entspannende Aktivität, mit der ihr das Wasser erkunden könnt, ohne darin zu schwimmen. Der Sport, bei dem es sich im Grunde um einen Ableger des Surfens handelt, besteht darin, auf einem scheinbar herkömmlichen Surfbrett zu stehen. Ihr treibt euch dann mit etwas, das einem Kanupaddel ähnelt, durch das Wasser.

Bretter und Paddel werden in Boots- und Tauchschulen vermietet. Anfängerkurse findet ihr zudem an jedem Standort.

Tipp: Stand-Up Paddling Kurse für 2 Stunden werden ab ca. 40,- Euro inkl. Trainer und Material angeboten und reichen für eine gute Grundausbildung aus. Achtung: Kurse sind für Nichtschwimmer nicht geeignet.

Priorität: __________________

Geplante Umsetzung: __________________

☐ Erledigt am: __________________

Stand-Up Paddling – Fluch oder Segen? Wie sind eure Erfahrungen?

____

____

____

Wie, wo und wann Stand-Up Paddling – Orte und Termine:

____

____

____

80. Ein YouTube-Video erstellen

Die Menschen lieben YouTube und als zweitbeliebteste Video-Suchmaschine der Welt machen viele ihre eigenen YouTube-Videos, angefangen von Tutorials bis hin zum Filmen von Videospielen.

Dies ist eine großartige Gelegenheit, um mit Spiel und Spaß euer gemeinsames Leben zu dokumentieren. Filmt euch in bestimmten Situationen, z. B. beim Frühstück oder in einer fremden Stadt. Lasst euch inspirieren von den aktuellen Themen oder euren Gefühlen füreinander.

Erstellt ein Drehbuch für einen spannenden oder lustigen Kurzfilm. Habt ihr schon einmal Werbung nachgespielt. Das ist oftmals kurioser als man denkt.

Behaltet das Video für euch oder stellt es auf YouTube ein. In jedem Fall wird es für euch eine doppelte, wunderbare Erinnerung bleiben. Hochgeladene Videos können auch als „privat“ oder „nicht gelistet“ eingestellt werden. Damit werden eure Videos nur für euch bzw. die Personen mit dem passenden Link zugänglich.

Tipp: Verbindet euren Videodreh mit einem Städtetrip. Dunkle Ecken, fantastische Geschäfte, eine Fahrt im Sightseeing-Bus und Fast-Food inmitten der bunten Lichter der Stadt.

Priorität: ____________________

Geplante Umsetzung: ____________________

☐ Erledigt am: ____________________

Welche Ideen habt ihr in eurem Video umgesetzt?

____

____

____

Wie habt ihr die Ideen umgesetzt und wer war Schauspieler und wer war Regisseur?

____

____

____

Weitere Ideen, Notizen und Gedankenstützen:

____

____

81. Mit Salz die Süße des Lebens genießen

Stellt euch vor Ihr “schwebt“. Eure Körper sind schwerelos und befreit von jeglicher Erdanziehung - vollkommene Tiefen-entspannung. Lasst die Sorgen des Alltags und allen Stress einmal von euch abfallen.

Floating ist das Schweben auf Salzwasser in einem abgeschlossenen Raum. 25%-ige Sole aus Heil Salz trägt eure Körper auf der Oberfläche und verwöhnt eure Haut. Die 35° C warmen Floating-Pools, die die Form eines Ovals, wie eine Ei haben, befinden sich in einzelnen voneinander abgetrennten Räumen mit eigenen Duschen.

Ihr schwebt bei leiser Musik oder ganz in Stille mit sanftem Licht oder beruhigender Dunkelheit in großzügigen Pools (2,30 m x 2,30 m) die Raum für grenzenlose Entspannung lassen. Unser Gehirn benutzt
90 Prozent seiner neuronalen Aktivität mit der Verarbeitung von Außenreizen. Da im Schwebebad alle Außenreize wegfallen, schaltet unser Geist umgehend auf langsamere Theta-Wellen. Theta-Wellen treten kurz vor dem Einschlafen oder während tiefer Meditation auf

und steigern unter anderem die Ausschüttung der körpereigenen Glückshormone.

Floating für Paare gibt es ab ca. 100,- Euro für 45 Minuten und wird in vielen deutschen Großstädten angeboten.

Tipp: Unter www.Floating-Verband.de findet ihr alle Informationen rund um das Thema „Floating“ sowie die Adressen zahlreicher Anbieter. Derzeit gibt es in Deutschland ca. 70 Anbieter für Floating.

Priorität: ________________

Geplante Umsetzung: ________________

☐ Erledigt am: ________________

Was habt ihr vor der Terminbuchung über Floating erfahren?

____

____

____

Wie waren eure Eindrücke nach dem Floating, was habt ihr erlebt und wie habt ihr euch gefühlt?

____

____

____

Massage vs. Floating – welchen Entspannungs-Unterschied konntet ihr feststellen?

82. Ein besonderer Sonnenuntergang

Einen wunderschönen Sonnenaufgang oder Sonnenuntergang mit dem Partner zu beobachten, ist der Inbegriff von Romantik. Warum nicht zum Ziel machen, beides an einem Tag zu tun? Obwohl es auf der ganzen Welt eine Vielzahl an atemberaubenden Sonnenuntergängen gibt, müsst ihr nicht weit reisen. Ihr könnt auch die Vorteile eures eigenen Balkons nutzen.

Möglicherweise könnt ihr diesen Sonnen Auf- und Untergang in Kombination mit einem Picknick durchführen und die ganze Nacht und den Tag aufbleiben. Das ist das ultimative Multitasking für eure Liebe!

Los geht's. Den Picknickkorb mit ein paar leckeren Snacks packen, Wein und vielleicht einen Kaffee dazu, eine kuschelige Decke und die Kerzen nicht vergessen und gemeinsam in den Sonnenuntergang schauen. Die Gedanken einfach mal schweifen lassen, träumen und in die aufgehende Sonne schauen ... !

Tipp: Die schönsten Sonnenuntergänge der Welt: Oia auf Santorini (Griechenland), der Ayers Rock (Australien), Key West (Florida, USA), die Massai Mara (Kenia) – für den Fall, dass ihr einmal in der Nähe seid.

Priorität: ________________

Geplante Umsetzung: ________________

☐ Erledigt am: ________________

Welche ersten Eindrücke habt ihr bekommen?

____

____

____

Was hat euch ein gemeinsamer Sonnenuntergang und Sonnenaufgang für die Zukunft gelehrt? Habt ihr über Vergänglichkeit und Neuanfang gesprochen oder welche Themen waren für euch wichtig?

____

____

____

An welchen Orten würdet ihr gerne einmal einen Sonnenuntergang und Sonnenaufgang gemeinsam erleben?

____

____

83. Besucht ein Konzert eurer Lieblingsband

Ihr habt eine gemeinsame Lieblingsband? Wunderbar, dann kann es schon losgehen. Schnappt euch einen Laptop, legt eine CD eurer Lieblingsband in den Player und schaut, wann die nächsten Konzerttermine sind und wo sie stattfinden.

Während ihr zu euren Lieblingsliedern mit summt, könnt ihr darüber nachdenken, euren Konzertbesuch mit einer Städtetour zu verbinden.

Wenn Ihr das Konzert/Ticket eurer Wahl gebucht habt z.

B. bei www.eventim.de, solltet ihr überlegen, was ihr anziehen wollt. Vielleicht habt ihr ein Fan Shirt im Schrank hängen oder Kleidung im Stil der Band. Stylt euch für den einzigartigen Konzertabend und feiert euch und die Band. Ein tolles Andenken sind Selfies mit den Bandmitgliedern oder signierte Autogrammkarten.

Tipp: Gerade für Konzerte von Revival-Bands wie Kiss, Queen Tribute u. ä. ist es eine super Zeitreise für euch, sich im Stil der 70er und 80er Jahre zu kleiden.

Priorität: ____________________

Geplante Umsetzung: ____________________

☐ Erledigt am: ____________________

Wer, wie, was? Auf welches Konzert seid ihr gegangen und wie war euer Outfit?

____

____

____

Mitsingen erwünscht! Wie war eure Textsicherheit. Welche Songs sind eure Favoriten?

____

____

____

Kann eine Lieblingsband die Zeit überstehen oder verblassen die Erinnerungen? Wie sind eure Gedanken hierzu? Ist der Sänger noch immer so sexy? Und tanzt der Gitarrist noch so verrückt?

____

____

84. Händchenhaltend abwärts

Nehmt die Hand eures Partners, steckt die Nase in den Wind, nehmt einen tiefen Atemzug und macht gemeinsam einen Vertrauenssprung von einer Klippe ins kühle Nass. Es gibt eine besondere Bindung, die in einer Beziehung entsteht, wenn ihr euch als Team einer Angst stellt und sie überwindet. Es gibt Orte auf der ganzen Welt, an denen ihr Klippenspringen könnt. Auf jeden Fall solltet ihr sicherstellen, dass euer Sprung an einem sicheren Ort stattfindet. Diese Plätze sind ausgeschildert und es sind immer Guides vor Ort, die euch wichtige Hinweise zum Sprung geben.

Ein wenig Nervenkitzel ist schon dabei, gemeinsam springen und den Moment erwarten, an dem man in das Wasser eintaucht, umringt von Millionen kleiner Luftbläschen, die euch gleich wieder an die Oberfläche treiben. Und dann der erste Atemzug über Wasser … was für ein Erlebnis. „Das machen wir sofort noch einmal!“ wird bestimmt euer erster Gedanke sein.

Tipp: Bei www.erlebnisgeschenke.de könnt ihr Klippensprünge an verschiedenen Orten buchen. Felsen- und Klippenspringen sollten unter Aufsicht und nur an dafür vorgesehenen Plätzen durchgeführt werden, da sonst Lebensgefahr besteht.

Priorität: ___________________

Geplante Umsetzung: ___________________

☐ Erledigt am: ___________________

Springen oder lieber doch nicht? Wie sind eure Gedanken dazu und wer hat mehr Mut?

____

____

____

Ist ein gemeinsamer Klippensprung gut für die Festigung einer Beziehung und was sind die wichtigsten Aspekte?

____

____

____

Welche Ideen habt ihr, um eure Beziehung durch Mut und Vertrauen noch weiter zu festigen?

____

____

85. First Date Revival

Denkt an euer erstes Date mit eurem derzeitigen Partner zurück und versucht, es wieder aufzunehmen. Dupliziert alles von der Kleidung, die ihr beide getragen habt bis zu dem Essen, das ihr zum Film im Kino gegessen habt. Denkt an euer erstes Date zurück. Wie war es? Was habt ihr unternommen? Wie habt ihr euch gefühlt? In vielen Fällen ist das erste Date eines der besten oder zumindest mit Sicherheit das denkwürdigste Date für ein Paar.

Wäre es nicht großartig, die Magie nachzubilden, die ihr an diesem besonderen Tag empfunden habt?

Um euer zweites erstes Date zu planen, bereitet euch zunächst physisch vor. Tragt die gleiche Kleidung, die ihr bei eurem ersten Date getragen habt. Erinnert ihr euch noch daran? Habt ihr sie vielleicht sogar noch? Wenn es eine Weile her ist und ihr euch nicht erinnern könnt, dann lasst euren Partner über das Outfit entscheiden. Geht zum selben Ort - was habt ihr bei eurem ersten Date gemacht? Seid ihr bowlen gegangen? Oder zur Oper? Wenn ihr jetzt an einem anderen Ort lebt, versucht, in eurer aktuellen Stadt etwas ähnliches zu finden. Esst das gleiche Essen und geht möglichst in dasselbe Restaurant.
Um euch mental darauf vorzubereiten, müsst ihr euch an

alle Gedanken und Gefühle erinnern, die ihr bei eurem ersten Date hattet. Denkt aktiv an euren Partner – denkt an ihn oder sie, als würdet ihr zum ersten Mal mit der Person ausgehen. Versucht euch an die Vorfreude zu erinnern, die ihr hattet, als ihr euch auf das Date vorbereitet habt.

Beobachtet euer Gespräch - widersteht der Versuchung, über Kinder, Hypotheken, Rechnungen usw. zu sprechen. Das ist altes Zeug. Sprecht stattdessen über eure Träume und Ziele. Ihr könnt euch auch diese Zeit nehmen, um mehr über die persönliche Geschichte des anderen zu erfahren. Stellt alle Fragen zum Kennenlernen, die ihr normalerweise beim ersten Date stellen würdet.

Die Wiederholung eures ersten Dates kann eine großartige Möglichkeit sein, die romantischen Gefühle, die ihr miteinander teilt, zu stimulieren und eure Liebe zu vertiefen. Es macht auch wirklich Spaß!

Tipp: Ein letzter Gedanke - vielleicht hattet ihr kein großartiges erstes Date. Das ist in Ordnung, denn jetzt könnt ihr mindestens zwei Dinge tun. Erstens stellt das beste Date wieder her, das ihr mit eurem zukünftigen Partner hattet. Oder zweitens, dies ist eine perfekte Gelegenheit, um euer erstes Date genau so zu gestalten, wie ihr es gerne möchtet!

Priorität: ____________________

Geplante Umsetzung: ____________________

☐ Erledigt am: ____________________

Das erste Date – Chaos oder einfach nur wunderbar? Wie war euer zweites erstes Date dagegen?

____

____

____

____

____

86. Kuss im Regen

Im Verlauf einer Beziehung können wir schnell vergessen, wie wichtig es ist, sich zu küssen! Es gibt viele Vor- und Nachteile, sich im Regen zu küssen, aber wenn ihr das nächste Mal in einen Schauer geratet oder es draußen wie aus Eimern gießt, dann vergesst den Regenschirm und geht nach draußen, um eurem Partner einen romantischen Kuss auf den feuchten Mund zu geben.

Vielleicht stellt euch das vor die Herausforderung, dass ihr dabei mal nicht perfekt aussehen werdet. Die Haare sind klatschnass und ihre Schminke verläuft – aber das ist in diesem Moment vollkommen egal. Danach könnt ihr in eure trockenen Lieblingsklamotten schlüpfen und unter einer kuscheligen Decke zusammen einen heißen Tee oder Cappuccino genießen.

Küssen macht nicht nur Spaß, sondern ist außerdem auch gesund. Ein intensiver Kuss verbraucht zusätzliche Kalorien und wirkt sich positiv auf euren Blutdruck und das Immunsystem aus. Stresshormone werden gehemmt.

Tipp: Wenn es draußen nicht regnet, kann ein verliebter Regen-Kuss auch gerne unter der Dusche stattfinden, mit oder ohne Regenschirm.

Priorität: ________________

Geplante Umsetzung: ________________

☐ Erledigt am: ________________

Ein Kuss im Regen. Freude, Glück und Sonnenschein im Herzen oder war es nur kalt und nass. Wie waren eure Gefühle dabei?

____

____

____

Ein Kuss unter der Dusche! „Hey, lass das warme Wasser an!“ oder „Hey, schrubb mir den Rücken!“ Was ist eure Antwort?

____

____

____

Wo gibt es noch einen feuchten Kuss? Unter einem Wasserfall, im Schwimmbad … schreibt eure Ideen auf und setzt sie in die Tat um!

____

____

87. Baumhotel Übernachtung

Wer hat als Kind nicht schon einmal davon geträumt, in einem Baumhaus zu übernachten? Weit oben über dem Boden, das leise Rauschen des Baumes im Ohr, direkt unter den Sternen. Über eine kleine Leiter erreicht ihr euer Nest.
Genießt den Ausblick und die entspannte Ruhe mitten im Wald. Lange, ausgedehnte Spaziergänge und die enge Verbindung mit der Natur machen das Baumhaus-Erlebnis zu einem unvergesslichen Abenteuer.

Moderne Baumhäuser bieten ein unbeschwertes, entspanntes Erlebnis und sind vollständig ausgestattet mit so ziemlich allem, was dazugehört: Bettwäsche, Handtücher, Duschgels, Seife. Auch Küchen sind vorhanden und bestens ausgerüstet. Essig, Öl, Salz, Pfeffer, Tee- und Kaffeebeutel sowie Zucker sind in der Regel vorhanden. Solltet ihr eure Zahnbürste oder den Rasierer vergessen haben, kann dies an der Rezeption angefordert werden.
Baumhäuser werden in allen Ferienregionen Deutschlands angeboten; über www.travelbook.de könnt ihr die 24 schönsten Baumhaushotels in Deutschland buchen. Alternativ bietet das Internet hierzu vielfältige Informationen.

Tipp: Ganz besonders empfehlen möchte ich die Oase Weil www.oaseweil.de. Die 6 kleinen Baumhäuschen haben alle ein eigenes Thema u. a. Flaschengeist, Windhexe, Burggespenst und diese bergen für den Gast einige spannende Rätsel.

Priorität: ___________________

Geplante Umsetzung: ___________________

☐ Erledigt am: ___________________

Die erste Nacht im Baumwipfel ohne festen Boden. Konntet ihr ruhig schlafen?

____

____

____

Welche mentalen Bilder habt ihr durch den Aufenthalt im Baumhaus gewonnen?

____

____

____

Loslösen und Aufgeben, keine Technik, einmal nur den Geist regieren lassen. Konntet ihr diese Freiheit der Gedanken im Baumhaus verspüren?

88. Halloween-Kürbis schnitzen

Ohne eine teuflisch grinsende Fratze ist ein Halloween-Kürbis nur halb so gruselig. Zum Kürbis schnitzen eignen sich am besten die großen Kürbissorten, da sich ihr Fruchtfleisch am leichtesten lösen lässt und auch die äußere Schale einfacher zu bearbeiten ist, als bei den kleinen Kürbissen. Zudem sollte das orange Gemüse reif und unbeschädigt sein.

Ihr müsst euch keine Sorgen machen, dass ihr kein Experte mit einem Tranchiermesser seid oder viel Geld für Dekorationen ausgeben müsst. Es reicht, wenn ihr Löcher für Augen, Nase und Mund in euren Kürbis schnitzt, ihn mit einem Edding anmalt oder ihn mit Getreideähren dekoriert. Lasst eurer Fantasie freien Lauf, indem ihr den Kürbis mit Pflanzenperücken und Stoffstücken dekoriert, nachdem ihr ein entzückendes Gesicht herausgearbeitet habt.

Zum Schluss könnt ihr eine Kerze in ein Glas stellen, dass ihr dann im Kürbis platziert. Sobald es dunkel ist, leuchten eure schaurig schönen Kürbisse im Dunkeln der Nacht.

Tipp: Wenn ihr auf der Suche nach den schönsten, größten, aber auch günstigsten Kürbissen seid, lohnt es sich, direkt beim Bauern zu kaufen. Bereits Mitte September erhält man dort riesige Prachtexemplare.

Priorität: ____________________

Geplante Umsetzung: ____________________

☐ Erledigt am: ____________________

Welche Werkzeuge benötigt ihr, um den Kürbis zu schnitzen?

____

____

____

Welche Gesichter habt ihr aus den Kürbissen geschnitzt und waren sie richtig gruselig?

____

____

____

Halloween, da denkt man an Süßes oder Saures. Legt euren Kürbis ein und notiert Kürbisrezepte:

____

____

89. Indoor Skydiving

Für die einen ist es Training für einen „echten" Frei Fall aus atemberaubender Höhe. Für die anderen eine Möglichkeit, das zu erleben, wovon wahrschein- lich jeder schon einmal geträumt hat – Fliegen! Indoor Skydiving macht's möglich.

Indoor Skydive ist etwas für jedermann. Ob Mann oder Frau, jung oder alt – Fliegen kann jeder. Auch Blinde und körperlich behinderte Menschen können mit Hilfe ausgebildeter Trainer im Windtunnel das einmalige Gefühl des Fliegens erleben.

Das Fliegen im Windtunnel ist identisch mit einem Sprung aus dem Flugzeug. Ob man draußen mit 200 km/h nach unten fällt oder die Luft genauso schnell nach oben bläst und ihr darauf schwebt, ist physikalisch genau das gleiche und fühlt sich auch genau gleich an. Man macht dieselben Bewegungen und es ist einfach eine Möglichkeit, einen Flug in einer absolut harmlosen Umgebung zu simulieren. Nach der Einweisung erhaltet ihr eure Ausrüstung, die aus Ohrstöpseln, einer Brille, einem Helm und dem Anzug besteht. Dann geht es auch schon los. Zuerst mit dem Trainer zur Stabilisierung im Windkanal und nach wenigen Minuten auch alleine.

Am Ende dieses unbeschreiblichen Abenteuers erhaltet ihr ein Diplom aus dem hervorgeht, welche Fähigkeiten ihr euch dabei angeeignet habt und was noch ausbaufähig ist.

Tipp: Indoor Skydiving z. B. in Bottrop ab ca. 60,- Euro pro Person. Eine vorzeitige Buchung ist in jedem Fall zu empfehlen.

Priorität: ____________________

Geplante Umsetzung: ____________________

☐ Erledigt am: ____________________

Helm und Anzug passten und dann ging es auch schon los. Wie war die Vorbereitung?

____

____

____

Salto, Kopfüber oder Steilflug – wie waren die Minuten im Luftkanal und was habt ihr erlebt?

____

____

____

Wie wäre es mit einem Fallschirmsprung? Nun wisst ihr wie es sich anfühlt, in der Luft zu schweben. Wie wäre es mit dem nächsten Level, einem Fallschirmsprung?

90. Ausflug in den Botanischen Garten

Exotische Pflanzen, bunte Blütenpracht, tropische Palmen und stachelige Kakteen. Der Botanische Garten ist ein wundervoller Rückzugsort für Verliebte und wird euch mit seinem paradiesischen Flair beeindrucken. Wandelt durch die bunte Pflanzenwelt in den unterschiedlichen Klimazonen. Vielleicht ergibt sich hier auch ein neuer Urlaubswunsch.

Wenn ihr Glück habt, fliegen farbenfrohe Schmetterlinge durch die Gewächshäuser. Im Palmenparadies gibt es mehr zu sehen als nur die gute alte angestaubte Yucca-Palme. Ihr werdet heimische als auch exotische Pflanzenarten antreffen und oftmals wird diese besondere Pflanzenwelt kombiniert mit Tiergehegen, Aquarienhäusern und vielem mehr.

Wenn ihr dann noch das Palmenhaus mit allen Sinnen genießen und in die Geschichte des Palmengartens eintauchen wollt, z. B. im Frankfurter Palmengarten, solltet ihr euch die Klanginstallation „Sound Dialoges“ von dem Klangkünstler Lasse-Marc Riek, der diese zum 150-jährigen Jubiläum des Palmenhauses komponiert hat, nicht entgehen lassen.

Tipp: Ein besonderes Erlebnis ist der Palmengarten in Frankfurt. Mit seinen zahlreichen Veranstaltungen rund um seine Gewächshäuser ist jeder Besuch ein Highlight. Für Paare ist das Laternenfest im Palmengarten ein Must go!

Priorität: ________________

Geplante Umsetzung: ________________

☐ Erledigt am: ________________

Was hat euch am meisten verzaubert im Palmengarten?

____

____

____

Pflanzen, Pflanzen, Pflanzen – Was gab es noch im Botanischen Garten zu sehen?

____

____

____

Weitere Notizen und Veranstaltungshinweise:

____

____

____

91. Freunde überraschen

Wie spontan sind eigentlich eure Freunde? Vielleicht habt ihr ein befreundetes Paar lange nicht mehr besucht. Dann findet heraus, was sie beispielsweise für kommenden Sonntag geplant haben und ob sie zuhause sind.
Wenn als Antwort "Eigentlich ist nichts geplant." kommt oder alltägliche Dinge genannt werden, dann lasst euch nun bloß nichts anmerken! Ihr seid für diesen Tag bereits voll ausgebucht.

Tatsächlich organisiert ihr diesen Tag nun für alle zusammen. Ihr könnt zum Beispiel alles für ein ausgiebiges Sektfrühstück oder Brunch einkaufen und plötzlich morgens 9 Uhr bei euren Freunden mit einem vollen Korb Leckereien an der Haustür klingeln.

Die Wohnung ist doch aber gar nicht sauber gemacht? Die Haare der besten Freundin sind noch total chaotisch und die Schminke fehlt? Vollkommen egal! Ungeschminkt und spontan ist doch sowieso viel besser, oder? So entstehen oftmals die schönsten Momente.

Vielleicht geht ihr im Anschluss noch in den nächstgelegenen Tierpark oder an einen See.

Macht Fotos von euch, nehmt euch nicht zu ernst und lacht über Geschichten von früher.

Und wenn ihr gefragt werdet, wie ihr auf so eine Idee überhaupt gekommen seid, dann könnt ihr entweder gleich dieses Buch empfehlen oder ihr habt nun eine passende Geschenkidee für eure Freunde – zumindest, wenn es sich um ein Pärchen handelt.

Tipp: Überlegt euch immer eine Alternative. Ihr wollt nicht enttäuscht sein, falls eure Überraschung kurzfristig doch nicht in den Tagesablauf eurer Freunde passt. Also, wenn ihr schon alles für ein Sektfrühstück dabei habt, dann könnt ihr auch eine Decke aus dem Auto zaubern und ein Picknick im Park um die Ecke machen.

Priorität: ____________________

Geplante Umsetzung: ____________________

☐ Erledigt am: ____________________

Wie habt ihr eure Freunde überrascht?

____

____

____

Und wie haben eure Freunde darauf reagiert? Waren sie spontan dabei?

____

____

____

Seid ihr selbst spontan? Würdet ihr die Tür mit einem strahlenden Lächeln öffnen, wenn plötzlich eure Lieben unangemeldet bei euch klingeln oder euch auf einen Ausflug mitnehmen wollen?

____

____

____

92. Ein Stern, der deinen Namen trägt

„Ein Stern, der deinen Namen trägt …“. Die Benennung eines Sterns gilt allgemein als eines der originellsten und von Herzen kommenden Geschenke.

Das Symbol eines Sterns hat unter Menschen einen hohen Stellenwert. Es erinnert uns an die mögliche Ewigkeit unseres Lebens und die Weite des Universums. Wir wäre es, einen Stern für die gemeinsame Liebe zu kaufen oder der Liebsten zu schenken. Euer persönlicher Sternname wird zusammen mit den Daten eines echten Sterns in das Sternregister® der Star Administration Int. eingetragen.

Als Nachweis für den Eintrag in das Sternregister erhaltet ihr eine repräsentative Sternurkunde, die ihr auch als Geschenk überreichen könnt. Dazu gibt es eine Anleitung zum Auffinden eures Sterns, Kartenmaterial und viel weiteres tolles Zubehör!
Die Kosten für eine Stern-Taufe bei sternregister.de belaufen sich auf ca. 40,- bis 200,- Euro.

Tipp: Neben dem Standard-Zubehör gibt es noch ein großes, optionales Zubehör-Sortiment, mit dem ihr eure Sterntaufe aufwerten könnt. (Urkunde, Karte, Foto, ...)

Priorität: ______________________

Geplante Umsetzung: ______________________

☐ Erledigt am: ______________________

Welchen Namen hat euer Stern bekommen und warum habt ihr ihn so benannt?

____

____

____

Gibt es Sterne in der Nähe, die ihr eventuell dazu kaufen würdet, für ein Stern-Bild und könnte man es von der Erde aus sehen?

____

____

____

Haben Sterne und fremde Planeten euch in ihren Bann gezogen? Welche Gefühle habt ihr, wenn ihr heute in den Sternenhimmel schaut?

93. Selbstgemachte Grußkarten

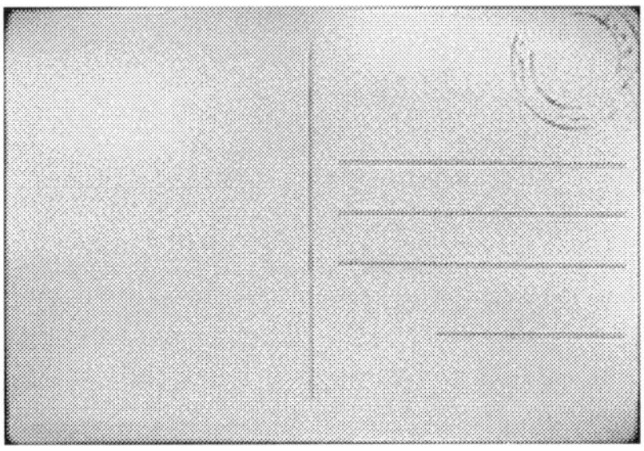

E-Mail, Facebook, WhatsApp usw. sind die neuen Kommunikationswege des 20. Jahrhunderts. Über liebe Grüße per Post freuen wir uns daher umso mehr.

Ein liebes Dankeschön für einen schönen Tag, Geburtstagsglückwünsche oder Feiertagsgrüße könnt ihr mit persönlichen Grüßen ganz individuell erstellen. Viele Online-Plattformen bieten Platz für eigene Kreationen und individuelle Designs. Ebenso werden aber auch viele Vorlagen zu Verfügung gestellt.

Wie wäre es damit, einfach mal die Weihnachtsgrüße mit einer selbsterstellen Grußkarte zu versenden? Die Freude beim Empfänger ist am größten, wenn verschiedene Fotos von den Liebsten auf der Karte zu finden sind. Also, los geht's! Schnappt euch euer Fotoalbum und sucht schöne Bilder von euch raus. Sicherlich kommen hier auch gleich wieder schöne Erinnerungen hoch. Anschließend könnt ihr die Fotos hochladen und auf einer Karte platzieren. Ausschnitte wie rund, eckig und oval sowie unterschiedlichste Schriftarten können individuell eingefügt werden.

Konfiguriert eure Grußkarte und verleiht ihr einen ganz persönlichen Touch.

Ihr seid mit eurem Werk zufrieden? Dann braucht ihr die Karte nur noch freizugeben, die Anzahl auszuwählen und binnen weniger Tage habt ihr eure individuellen Grußkarten vorliegen. Schreibt ein paar nette Zeilen auf die freie Fläche neben dem Adressfeld. Die Freude beim Empfänger ist garantiert groß und der Karte ist ein Platz an der Pinnwand garantiert sicher.

Tipp: Auf Seiten, wie cewe.de findet ihr unendlich viele Ideen für Grußkarten aller Art. Werdet kreativ und gestaltet eure Grüße so individuell wie möglich. Neben den viele Vorlagen und Hilfsmitteln könnt ihr eure eigenen Ideen hier umsetzen.

Priorität: ____________________

Geplante Umsetzung: ____________________

☐ Erledigt am: ____________________

Für welche Gelegenheiten habt ihr Grußkarten erstellt?

____

____

____

____

____

94. Marshmallows grillen

In diesem Moment wärmen sich Tausende von verliebten Paaren auf der ganzen Welt an einem Feuer. Sie sitzen am Lagerfeuer am Strand, werfen Tannenzapfen auf eine Feuerstelle im Wald oder schützen ein kleines Feuer auf dem Balkon vor dem Wind. Und jeder einzelne dieser Menschen wäre noch viel glücklicher, wenn er einen Marshmallow auf einem Holzspieß in das Feuer halten könnte.

Macht es euch kuschelig bequem, steckt ein Marshmallow auf einen Holzspieß und dreht ihn vorsichtig über der Flamme. Goldbraun und leicht knusprig sollte er aussehen, dann ist der Marshmallow genau richtig. Vorsichtig pusten, damit ihr euch nicht verbrennt. Zu diesem süßen karamelligen Erlebnis passt am besten ein Espresso. Ganz besonders lecker wird es, wenn ihr eine Erdbeere und einen Marshmallow grillt, köstlich wie ein Erdbeerkuss.

Geniest die Zeit zu zweit, den tiefen Blick ins Feuer und die Vorfreunde auf einen leckeren gerösteten Marshmallow. Vielleicht ist es jetzt auch an der Zeit, ein wenig über die Zukunft zu sprechen.

Genießt den Moment, blendet einmal alles andere aus und lebt eure Zweisamkeit.

Alternativ könnt ihr euch auch ein Rezept für Stockbrot heraus suchen und dieses über dem Feuer brutzeln.

Tipp: Der Grill-Hersteller Weber bietet ein Marshmallow-Komplettset mit original amerikanischen Marshmallows und Holzspießen in einer dekorativen, durchsichtigen Dose an. Das ist nicht nur ein schöner Hingucker, sondern auch eine tolle Geschenkidee für ein befreundetes Paar.

Priorität: __________________

Geplante Umsetzung: __________________

☐ Erledigt am: __________________

Wie habt ihr euren Marshmallow-Grillabend organisiert?

____

____

____

Was hat euch am meisten an diesem speziellen Abend gefallen?

____

____

____

95. Pärchen-Beauty-Tag

Ja, auch als Pärchen ist das möglich. Gönnt euch ruhig einmal einen Beauty- Tag! Verwöhnt dabei eure Körper und genießt eine besinnliche Pärchen Zeit.

Inspiration gefällig? Beginnt den Tag gemeinsam im Fitnessstudio oder geht eine Runde Joggen. Belebt euren Körper danach in einer entspannenden Saunalandschaft. Wieder zu Hause angekommen, lasst ihr es euch mit einem Körperpeeling, Gesichtsmaske, Pediküre und Maniküre und einem erfrischenden Drink oder auch Cocktail so richtig gut gehen. Jetzt noch ein wohlig-warmes Schaumbad einlassen und bei Kerzenschein und romantischer Musik langsam in den zauberhaft knisternden Schaum hineingleiten.

Macht schillernde Seifenblasen, massiert euch den Rücken oder träumt einfach vor euch hin.

Entspannt gemeinsam in der Badewanne, pflegt eure Haare mit einer Haarkur und cremt euch gegenseitig Gesicht und Körper ein. Lacht bei Maniküre und Pediküre über euch selbst und lasst dann den Abend kuschelig im Bett ausklingen.

Tipp: Einen schönen Beautytag kann man perfekt mit Räucherstäbchen und einer sanften Streichelmassage abschließen. Duftende Massageöle sind in Drogerien für ca. 6,- bis 10,- Euro erhältlich.

Priorität: ____________________

Geplante Umsetzung: ____________________

☐ Erledigt am: ____________________

Wer von euch war der wahre Beauty-Held und warum?

____

____

____

Es gibt mehr als nur Wasser und Seife. Was sind eure Beautygeheimnisse?

____

____

____

Für einen regelmäßigen Beautytag benötigen wir folgende Dinge:

____

____

96. Guerilla Gardening

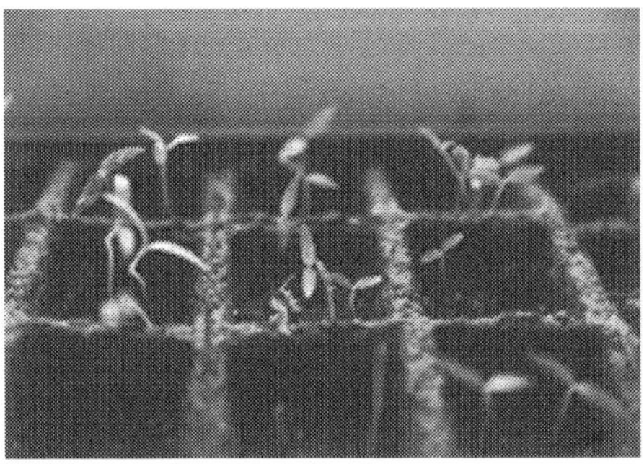

Ihr findet Blumen schön und habt einen grünen Daumen? Dann macht eure Stadt bunter und lebenswerter: Schnappt euch ein Schäufelchen und werdet zum urbanen Gärtner!

Beim Guerilla Gardening bepflanzen blumenbegeistere Menschen verwahrloste und brachliegende öffentliche Flächen, um so die Stadt zu verschönern.

Besorgt euch ein paar Samentütchen und verwandelt die tristen Orte eurer Umgebung in farbenprächtige Blumeninseln.

Oder zieht richtig professionell ausgestattet mit Samen und Zwiebeln, Handschuhen, Wasser, Blumenerde, Schaufel und Harke los. Pflanzt Tulpen und Sonnenblumen, baut italienische Gärten mit Wildkräutern und Gemüse an oder sät bunt blühende Schmetterlingswiesen mit Fuchsschwanz, Vergissmeinnicht und Engelwurz.

Manchmal macht es Sinn, sein Gärtchen gegen die Herausforderungen des Stadtlebens zu schützen, z. B. mit einem kleinen improvisierten Zäunchen gegen Hunde oder Füße.

Noch ein Hinweis: Während einige Städte die urbanen Pflanzaktionen begrüßen, ist Guerilla Gardening an anderen Orten leider nicht erlaubt. Informiert euch bitte vorher.

Priorität: ____________________

Geplante Umsetzung: ____________________

☐ Erledigt am: ____________________

Habt ihr mit Nachbarn gesprochen? Wie kommt eure Aktion an?

____

____

____

Wie kann man Verbündete finden und Gartenprojekte starten?

____

____

____

Welche Utensilien benötigt ihr für das Guerilla Gardening?

97. Euren Stammbaum erstellen

Erstellt einen Stammbaum und findet heraus, wer eure Vorfahren waren, welchen beruflichen Tätigkeiten sie nachgegangen sind und wo sie gelebt haben.

Es ist eine unglaublich spannende und erkenntnisreiche Freizeitbeschäftigung, die Ursprünge der eigenen Familien-geschichte zu ergründen und mehr über das Leben seiner Ahnen zu erfahren.

Bei manchem beginnt es vielleicht mit einem alten Fotoalbum seiner Großmutter. Ein anderer bestaunt eine Familien-Chronik, geschrieben von einem entfernten Verwandten. Oder die von Opa schon so oft erzählte, langweilige Geschichte wird plötzlich zum zündenden Funken. Irgendwann regt sich in vielen Menschen das Interesse, nach den eigenen Wurzeln zu forschen und einen Familienstammbaum zu erstellen.

Wer sich der Ahnenforschung widmen will, kann dies als lebenslanges Hobby verstehen, denn fertig wird man mit dem Erstellen seines Stammbaumes nie. Je tiefer man in die Vergangenheit zurückgeht, desto mehr „Baustellen“ werden sich auftun.

Tipp: Auf MyHeritage oder Ancestry.de könnt ihr kostenlos einen Familienstammbaum erstellen, in großen Personendatenbanken recherchieren und eure Ahnentafel sogar gemeinsam mit der Familie bearbeiten.

Priorität: ____________________

Geplante Umsetzung: ____________________

☐ Erledigt am: ____________________

Was bedeutet euch eure Familie?

____

____

____

Welche Verwandtschaftsbeziehungen gibt es?

____

____

____

Menschen, die wir zu unseren Vorfahren befragen können:

98. Eine Herausforderung annehmen

Überlegt euch gegenseitig eine Herausforderung und zieht sie durch. Findet heraus, ob Ihr genügend Durchhaltevermögen habt, um euer Ziel zu erreichen. Testet alternative Ernährungsformen, verzichtet auf gewohnte Dinge, lernt etwas Neues oder treibt mehr Sport. Seid gespannt, wie sich euer Leben verändert.

Inspiration für eine Herausforderung gefällig?
Wie wäre es hiermit:

- Training für einen Triathlon oder Marathon
- 30 Tage vegan ernähren
- Regelmäßig ins Fitnessstudio gehen
- 2x pro Woche Joggen oder Yoga praktizieren
- 30 Tage ohne Zucker
- täglich 15 Minuten meditieren
- 10.000 Schritte pro Tag gehen (und mit einem Schrittzähler messen)
- 30 Tage Steinzeit-Diät (Paleo)
- jeden Tag eine halbe Stunde lang eine Sprache lernen
- 30 Tage kein Fernsehen

Und, Challenge accepted?

Tipp: Wählt jeweils nur eine Herausforderung und versucht sie gemeinsam zu meistern. Setzt euch ein Start- und Enddatum. Nehmt anschließend eine neue Herausforderung an. Legt Belohnungen und Strafen fest.

Priorität: ____________________

Geplante Umsetzung: ____________________

☐ Erledigt am: ____________________

War die Herausforderung tatsächlich eine Herausforderung für euch? Eure Eindrücke:

____

____

____

Herausforderungen und das tägliche Leben. Was könnt ihr daraus lernen?

____

____

____

Herausforderungen, die wir nicht mehr missen möchten:

____

____

99. Etwas Neues lernen

Was kann man machen, wenn man als Paar alleine ist und Langeweile hat? Erweitert euren Horizont und lernt etwas Neues!
Lernt in einer Musikschule in eurer Nähe ein Musikinstrument oder stöbert im Kursangebot der Volkshochschulen nach interessanten Kursen.

Auch zu Hause könnt ihr euer Wissen und eure Fähigkeiten über das Internet leicht erweitern: Installiert die Smartphone-App Babbel, um nebenher eine neue Sprache zu lernen. Und mit der Hilfe der Website TIPP10 beherrschst ihr in Windeseile das Zehnfinger- Tippsystem.

Für ein Studium ist es nie zu spät! Ihr werdet sehen, mit einem akademischen Abschluss öffnen sich euch ganz neue Türen. Und praktischerweise kann man heute nicht nur in Vollzeit, sondern auch berufsbegleitend studieren.
Wenn ihr eure Präsentationstechniken verbessern möchtet, schaut euch auf YouTube einige Tutorials an. So lernt ihr nicht nur spannende neue Ideen und Dinge kennen, sondern könnt euch von den Präsentationen, der Körpersprache und den Vortragstechniken der Redner so einiges abschauen.

Tipp: Lernt Kochen wie ein Sternekoch! Lasst euch online zeigen, wie man köstliche Gerichte zubereitet. Exzellente Kochkünste sind im Alltag unglaublich praktisch und werden ganz nebenbei euren Partner, eure Familie und eure Freunde beeindrucken.

Priorität: ____________________

Geplante Umsetzung: ____________________

☐ Erledigt am: ____________________

Man lernt nie aus. Was wolltet ihr schon immer einmal lernen?

____

____

____

Heutzutage lernt man über das Internet. Wollt ihr das nutzen oder lieber live vor Ort sein?

____

____

____

Wie motiviert ihr euch? Zuhause etwas Neues lernen fällt leicht mit den folgenden Tipps:

____

____

100. Ringe schmieden

Nehmt am Goldschmiedetisch platz und fertigt eure Ringe selbst an. In einem Schmiedekurs kreiert ihr unter der professionellen Anleitung der Goldschmiede eure eigenen Ringe. In einer ersten Brainstorm-Besprechung lasst ihr gemeinsam eure Ideen sprudeln und an einem ausgewählten Tag könnt ihr dann aus dem besten Entwurf eure Ringe im Goldschmiede-Atelier selber schmieden! Ihr seid dabei, wenn das Edelmetall eurer Ringe legiert und gegossen wird.

Ihr bedient die Walze, welche das Edelmetall in Form presst, ihr gebt dem Werkstück mit der Ziehbank das gewünschte Profil und ihr seid es, die diese Ringe zu etwas ganz Besonderem machen - Es wird gefeilt, gewalzt, gelötet, poliert und vieles mehr.

Dabei sind Berührungsängste mit dem Goldschmiedehandwerk und die Angst vor einem nicht zufriedenstellenden Resultat völlig unbegründet. Ihr könnt euch sicher und entspannt fühlen - wenngleich es sehr aufregend wird. Und ihr dürft am Ende des Schmiedekurses ein paar wunderschöne selbst gestaltete Ringe euer Eigen nennen.

Im Internet findet ihr zahlreiche Adressen von Goldschmieden, die entsprechende Kurse in eurer Nähe anbieten.

Tipp: Eine schöne Idee ist es, dass der Bräutigam den Ring der Braut und die Braut den Ring des Bräutigams schmiedet. So kann jeder seine Liebe für den anderen in den Ring "einarbeiten". Natürlich müssen es keine Eheringe sein, auch Partner- oder Freundschaftsringe sind möglich.

Priorität: ________________

Geplante Umsetzung: ________________

☐ Erledigt am: ________________

Verspielt oder extravagant? Platin, Gold oder Silber? Welche Varianten und Materialien sind für euch interessant?

____

____

____

Diese Ringe sind für die Ewigkeit gedacht. Was wollt ihr in die Ringe eingravieren lassen?

____

____

____

Adressen und Kursangebote von Trauring- Goldschmieden:

Platz für Notizen

Platz für Fotos

Platz für Fotos

Platz für Fotos

Platz für Fotos

Haftungsausschluss

Dieses Werk ist durch das Urheberrecht geschützt. Zuwiderhandlungen werden straf- und zivilrechtlich verfolgt. Ohne schriftliche Genehmigung des Autors ist jegliche – auch auszugsweise – Vervielfältigung und Verbreitung nicht gestattet, sei es

- in gedruckter Form,
- durch fotomechanische Verfahren,
- auf Bild- und Tonträgern,
- auf Datenträgern aller Art.

Die Verwendung der Informationen in diesem Buch und die Umsetzung derselben erfolgt ausdrücklich auf eigenes Risiko. Haftungsansprüche gegen den Autor für Schäden jeglicher Art, die durch die Nutzung der Informationen in diesem Buch bzw. durch die Nutzung fehlerhafter und/oder unvollständiger Informationen verursacht wurden, sind ausgeschlossen. Folglich sind auch Rechts-und Schadenersatzansprüche ausgeschlossen. Der Inhalt dieses Werkes wurde mit größter Sorgfalt erstellt und überprüft. Der Autor übernimmt keine Gewähr und Haftung für die Aktualität, Korrektheit, Vollständigkeit und Qualität der bereitgestellten Informationen. Druckfehler können nicht vollständig ausgeschlossen werden. Weiterhin beruht der Inhalt dieses Werkes auf persönlichen Erfahrungen und Meinungen des Autors. Der Inhalt darf nicht mit medizinischer Hilfe verwechselt werden."

Impressum

Kontakt: Frances Baron, Erlbacher Straße 45, 09355 Gersdorf

Layout: Corinna Sabitzer
Covergestaltung: Fiverr - germancreative
Coverbild: Depositphotos

Printed in Poland
by Amazon Fulfillment
Poland Sp. z o.o., Wrocław
19 April 2022

fd6e0bba-3c25-4261-aa1c-8deaa555bcfeR02